Und das sind unsere Zutaten im Einzelnen:

Vorrat

Hierfür haben wir eine Liste von 10 Lebensmitteln erstellt, die Sie immer in Ihrer veganen Speisekammer vorrätig haben sollten. Maximal 3 davon tauchen jeweils in den Rezepten auf:

1. Pasta (z.B. Spaghetti, Rigatoni, Reisnudeln)
2. Sojasahne
3. Sojajoghurt
4. Bulgur
5. Couscous
6. Tofu natur
7. Räuchertofu
8. Kokosmilch
9. Seitan
10. Tortillas

Frische Zutaten

Das können z.B. Zwiebeln, Knoblauch, Gnocchi oder frisches Gemüse sein – also Zutaten, die man nicht unbedingt immer im Haus hat.

Gewürze

1. Tamari (Sojasauce)
2. Kreuzkümmel (gemahlen)
3. Curry
4. Cayennepfeffer
5. vegane Currypaste
6. Oregano
7. Thymian
8. Gemüsebrühe
9. Paprika edelsüß
10. Reiswein

Die Autorin

 **Gabriele Lendle** arbeitet bei einer Versicherung, ist Kunstmalerin, läuft Halb-Marathons – und lebt vegan. Aufgrund einer rheumatischen Erkrankung stellte sie vor 10 Jahren ihre Ernährung auf vegetarisch um, ein paar Jahre später dann konsequent auf vegan – mit verblüffenden gesundheitlichen Erfolgen! Seitdem experimentiert sie begeistert mit pflanzlichen Lebensmitteln und zaubert immer wieder neue Kreationen. Dass man hierfür weder viele Zutaten noch viel Zeit braucht, zeigt sie in diesem Buch. Gabriele Lendle lebt in Stuttgart.

Gabriele Lendle

McVeg

80 vegane Schnellgerichte

Rigatoni mit Zucchini, Tomaten
und Tofu (Seite 74)

Liebe Leserinnen und Leser,

Vielleicht haben Sie beim Titel »McVeg« spontan an »McDonalds« gedacht. Oder Sie hatten Schlagworte wie »Fast Food«, »billig«, »minderwertig«, »ungesund« ... im Kopf. Dabei ist »Mc« ursprünglich eigentlich ein Bestandteil von schottischen und irischen Familiennamen und bedeutet »Sohn von ...«. Wussten Sie das? Mit ungesundem Essen hat es per se jedenfalls nichts zu tun und auch in diesem Buch finden Sie alles andere als minderwertiges Fast Food.

»McVeg« enthält über 80 schnelle vegane Rezepte mit nur wenigen Zutaten, die Sie in jedem Bioladen oder Supermarkt bekommen. Wer sich an das auf der Umschlaginnenseite vorgestellte System 3+3+3 hält, muss zusätzlich zu den Zutaten, die man ohnehin schon daheim hat, maximal 3 Zutaten frisch einkaufen, um sich ein gesundes und leckeres veganes Gericht zuzubereiten.

Mit diesem Buch können also auch diejenigen von einer veganen Küche profitieren, die nur wenig Zeit zum Kochen haben. Sie werden sehen: Es ist auch ohne Großeinkauf und ausgefallene Zutaten möglich, lecker und gesund vegan zu kochen und zu genießen. Ich war beim Schreiben dieses Buches selbst völlig begeistert, mit wie wenig Zutaten ich in sehr kurzer Zeit tolle vegane Gerichte zubereiten konnte. Aus beruflichen Gründen kann ich erst abends kochen und ich habe es sehr genossen, dass bereits nach maximal 25 Minuten ein leckeres Essen auf dem Tisch stand.

Nun wünsche ich Ihnen viel Spaß beim Nachkochen und einen guten Appetit!

Ihre Gabriele Lendle

Vegan – schnell, einfach, lecker!

Vorratskammer, Gewürze, Basics – hier lernen Sie die Lebensmittel kennen, die ich in meinen Rezepten besonders gerne verwende.

Ihre vegane Speisekammer

Keine Sorge: Für Ihre vegane Speisekammer brauchen Sie nicht extra viel Platz, und in Unkosten stürzen müssen Sie sich dafür auch nicht. Eine kleine Schublade, etwas Platz im Kühlschrank – und schon können Sie alle Basics parat halten.

Hamstern auf die vegane Art ...

Sicher geht es Ihnen ähnlich wie mir: auf manche Lebensmittel mag man einfach nicht verzichten. Pasta in allen Variationen, seien es nun Spaghetti, Bandnudeln oder Rigatoni, schmecken einfach genial und sind auch bei spontanem Heißhunger oder nach ausgiebiger sportlicher Betätigung ein idealer Auffüller der Kohlehydrat-Speicher – etwas »aglio e olio« dazu und schon ist das Abendessen gerettet. Solche Zutaten, die sich gut aufbewahren lassen und vielseitig zu verwenden sind, kommen unter der Rubrik »Vorrat« auch in meinen Rezepten vor, jeweils maximal 3 davon. Auf der Umschlaginnenseite können Sie das Konzept 3+3+3 noch einmal in Ruhe nachlesen. Und hier kommt sie nun, meine vegane Vorratsliste:

Pasta

Unter den Oberbegriff Pasta zähle ich getrocknete Produkte wie zum Beispiel Spaghetti, Spaghettini (die etwas dünneren Spaghetti), Rigatoni oder auch Reisnudeln. Ich persönlich verwende sehr gerne Reisnudeln, zum Beispiel die verschiedenen Sorten der Firma Terrasana. Erstens schmecken sie sehr lecker und zweitens sind sie in nur 4 Minuten al dente gekocht.

Entscheiden Sie nach eigenem Gusto, welche Pastasorte Ihnen besonders gut schmeckt und legen Sie sich einen kleinen Vorrat davon an. Oder horten Sie direkt mehrere Sorten und wechseln häufiger ab, ganz nach Lust und Laune.

Übrigens: Kommen in einem Rezept Spätzle oder Gnocchi aus dem Kühlregal zum Einsatz, so finden Sie diese in der Zutatenliste bei den frischen Zutaten.

Sojasahne

Grundlage der Sojasahne sind Sojabohnen – wahre Gesundheitsbomben. Sie enthalten essenzielle Aminosäuren, die der Mensch zum Aufbau von körpereigenem Protein benötigt. Außerdem stecken in Sojabohnen die Vitamine B_1, B_2 und E sowie Eisen und Magnesium.

Sojasahne ist rein pflanzlich und cholesterinfrei. Sie enthält wertvolle ungesättigte Fettsäuren, Eiweiß, Kohlenhydrate und Wasser. Auch beim Fettgehalt kann sie mit nur 17 % Fettanteil punkten. Sojasahne ist mittlerweile in fast allen Supermärkten, Bioläden und Reformhäusern erhältlich.

Neben Sojasahne gibt es zum Beispiel auch Sahne auf Reis-, Kokos- oder Haferbasis, ebenfalls eine gesunde und wohlschmeckende Alternative zur Kuhmilch-Variante. Vielleicht haben Sie im Hinblick auf Soja ein wenig Bedenken: bereits öfter sind Sojaprodukte in Zusammenhang mit Gen-Manipulation gebracht worden und daher manchmal

umstritten. Ich rate Ihnen deshalb zu Bioware aus Europa, um sicherzustellen, dass die Sahne auch definitiv frei von Gentechnik ist. Ich persönlich verwende häufig Soja Cuisine von der Firma Provamel aus dem Bioladen oder die Sahne von der Firma Soyatoo. Letztere hat den Vorteil, dass sie sich sogar steif aufschlagen lässt, was jedoch bei diesen Kochrezepten nicht relevant ist. Der »Aufschlag-Faktor« spielt nur bei Kuchen und Desserts eine Rolle. Zum Kochen finde ich die aufschlagbare Sojasahne der Firma Soyatoo persönlich nicht so toll, weil die Gerichte einen eigenartigen süßlichen Beigeschmack bekommen. Bei Desserts hingegen hat der süßliche Geschmack eine sehr positive Auswirkung.

Sojajoghurt

Sojajoghurt ist ein durch Fermentierung hergestelltes Nahrungsmittel aus Sojamilch, das in seinen Eigenschaften Joghurt aus Kuhmilch ähnelt. Während es pflanzliche Sahne auch auf Reis-, Hafer- und Kokosbasis gibt, gibt es rein pflanzlichen Joghurt lediglich auf Basis von Sojabohnen. Auch hier rate ich wegen der Problematik der möglichen gentechnischen Veränderung zu Bioware. Ich verwende sehr gerne den Sojajoghurt von der Firma Provamel oder von der Firma

Sojade aus dem Bioladen. Aber auch die Produkte der Firma alpro sind empfehlenswert. Diese sind geschmacklich sehr lecker, zu 100% gentechnikfrei und in fast jedem Supermarkt erhältlich.

Bulgur

Bulgur ist Weizenschrot, der besonders in der orientalischen Küche sehr beliebt ist. Zwischenzeitlich gibt es auch Buchweizen- und Dinkel-Bulgur, erhältlich in Bio-Supermärkten oder übers Internet. Bulgur ist eine gesunde Alternative zu Nudeln und Reis. Die Nudelrezepte in diesem Buch funktionieren übrigens alternativ auch mit Bulgur, falls Sie das eine oder andere Gericht gerne etwas variieren möchten. Die Zubereitung ist sehr einfach: Pro Person nimmt man etwa 40 g Bulgur und kocht diesen mit der 3-fachen Menge Wasser und etwas Salz (oder Gemüsebrühe) auf, lässt ihn 2 Min. köcheln und dann etwa 15–20 Min. auf der warmen Herdplatte ausquellen.

Couscous

Couscous ist ein Gericht aus der nordafrikanischen Küche. Er wird aus befeuchtetem und zu Kügelchen zerriebe-

nem Hartweizengrieß, aus Gerste oder Hirse hergestellt. Ähnlich wie beim Bulgur ist auch die Zubereitung von Couscous sehr einfach. Für zwei Personen benötigt man etwa 125 g Couscous. Für diese Menge bringt man zuerst etwa 160 ml Gemüsebrühe oder Salzwasser zum Kochen und lässt den Couscous dann unter Rühren einrieseln. Umrühren und einmal aufkochen lassen. Anschließend nimmt man den Topf vom Herd, lässt den Couscous noch etwa 10 Min. nachquellen und lockert ihn dann mit einer Gabel etwas auf.

Tofu natur und Räuchertofu

Wohl kaum ein Produkt aus der veganen oder vegetarischen Küche ist mit so vielen Vorurteilen behaftet wie der Tofu. Und das völlig zu Unrecht, wie ich meine! Tofu ist ein Produkt auf Sojabohnenbasis und lässt sich vielseitig einsetzen – er ist längst nicht so fade, wie spitze Zungen gerne behaupten. Tofu hat viel wertvolles pflanzliches Eiweiß und nur wenig Kalorien. Beim Einkauf von Tofu natur und Räuchertofu sollte man unbedingt darauf achten, dass er eine feste Konsistenz hat. Außerdem empfehle ich auch hier den Kauf von Bio-Qualität, um sicher zu sein, dass diese Produkte auch wirklich frei von Gentechnik sind. Ich persönlich bin begeistert vom Tofu-Sortiment der Firma Taifun, erhältlich im Bioladen.

Tofu natur ist geschmacksneutral und schmeckt pur genossen eigentlich nach gar nichts. Ich höre oft von Fleischessern: »Ich habe Tofu schon mal probiert, aber es hat mir nicht geschmeckt« – und auf Nachfragen erfahre ich, dass die Leute von rohem Tofu reden. Kein Wunder, denke ich mir dann, Fleisch würde im Rohzustand ungewürzt auch keiner mögen. Ähnlich wie beim Fleisch, wird Tofu erst durch die Zubereitung mit verschiedenen Gewürzen und weiteren Zutaten zu einem besonderen Geschmackserlebnis. Er lässt sich sowohl anbraten als auch zum Beispiel zu leckeren Brotaufstrichen verarbeiten. Räuchertofu hingegen schmeckt auch pur schon sehr lecker. Er eignet sich daher auch als Brotbelag oder, in Würfel geschnitten, als Beigabe zu Salaten. Er lässt sich auch prima anbraten. Sehr fein gewürfelt mit gehackten Zwiebeln angebraten erinnert er sogar an gebratenen Speck – falls Sie gelegentlich Fleischliebhaber bekochen oder auch selbst ab und zu etwas »Fleischeslust« verspüren.

Ob Räuchertofu oder Tofu natur: beide sind insbesondere in Gemüsegerichten eine sehr leckere und wertvolle gesunde Eiweißquelle. Neben Tofu natur und Räuchertofu gibt es übrigens auch noch den sogenannten Seidentofu. Er hat eine nasse, quarkähnliche Konsistenz und eignet sich insbesondere für Desserts und Saucen.

Kokosmilch

Kokosmilch gibt asiatischen Gerichten eine dezent samtige Note. Sie ist nicht zu verwechseln mit Kokoswasser oder Kokossahne. Wenn Sie ein Loch in eine Kokosnuss bohren, einen Strohhalm hineinstecken und die Kokosnuss genüsslich austrinken, dann handelt es sich um das Kokoswasser. Wenn Sie anschließend die Nuss aufschlagen, das weiße Fruchtfleisch herausschaben, es zusammen mit etwas warmem Wasser in den Mixer geben, gründlich mixen und dann diese Mischung auspressen, dann erhalten Sie die Kokosmilch. Würden Sie jetzt die Milch einen Tag stehen lassen, dann würde sich der Fettanteil der Kokosmilch irgendwann oben absetzen, so dass Sie ihn abschöpfen könnten. Auf diese Weise erhalten Sie die reine Kokossahne.

Wie bei nahezu allen Lebensmitteln gibt es auch bei der Kokosmilch gravierende Qualitätsunterschiede. Achten Sie in jedem Fall auf Produkte mit Bio-Qualität, da die hierfür verwendeten Kokosnüsse dann ohne Chemikalien und in ökologischen Mischkulturen kultiviert worden sind. Bio-Kokosmilch weist meist auch einen höheren Kokosanteil auf, ist also dickflüssiger und daher ergiebiger. Bio-Kokosmilch wird außerdem ohne jegliche Zusatzstoffe abgefüllt, enthält also keine Konservierungs- oder Verdickungsmittel.

Seitan

Nicht nur für uns Veganer eine feine Sache, auch die Fleischliebhaber in unserem Umfeld werden sich hier angesprochen fühlen! Seitan ist ein Fleischersatz mit hohem Eiweißgehalt. Im Unterschied zu Fleisch enthält er jedoch kein Cholesterin und so gut wie kein Fett. Seitan wird durch Auswaschen der Stärke aus Weizen oder Dinkel gewonnen – er ist daher für Menschen mit Zöliakie oder Glutensensitivität ungeeignet! Das verbleibende Klebereiweiß (Gluten) hat eine faserige schnittfeste Struktur. Seitan kann natur oder paniert, gebraten, gekocht oder frittiert zubereitet werden. Wenn ich »eingefleischten« Fleischessern Seitan serviere, reagieren sie oft sehr ungläubig, da diesen Gerichten äußerlich, vom Biss und je nach Würzen

auch geschmacklich die rein pflanzliche Herkunft kaum anzumerken ist.

Seitan ist im Bioladen, im Reformhaus oder auch im Internet-Versandhandel erhältlich. Man kann ihn auch selbst herstellen, allerdings ist dies sehr aufwendig und passt daher vom Zeitaufwand nicht ins McVeg-Konzept. Die Qualität des Fertigprodukts ist jedoch hervorragend, so dass sich die Selbstherstellung meines Erachtens ohnehin kaum lohnt – zumal fertig zubereiteter Seitan auch recht preiswert ist. Ich persönlich verwende meistens den Seitan der Firma Viani aus dem Bioladen.

Tortillas

Tortillas sind dünne Fladenbrote aus Weizenmehl, die Ihnen vielleicht schon einmal beim Mexikaner begegnet sind. Man nennt sie auch »Wraps«. Tortillas können sehr vielseitig gefüllt werden: mit Fleischersatz, Gemüse oder als süße Variante mit frischen und getrockneten Früchten. Ich bevorzuge hier die 6er-Packung der Firma Acapulco. Diese Tortillas sind vegan, bio und ohne Gentechnik. Man bekommt sie sowohl im Bioladen als auch im Internet-Versandhandel (www.alles-vegetarisch.de).

Das Salz in der Suppe

So manches Gericht wird erst durch die richtige Würze zum absoluten Schmankerl – denken Sie alleine an Curries oder Chilis. In vielen Kochbüchern findet man daher oft exotische Würzmischungen. Die schmecken zwar super, sind aber leider nicht immer ganz einfach zu beschaffen. Da es bei »McVeg« jedoch schnell und unkompliziert gehen soll, verwende ich in meinen Rezepten nur Gewürze, die Sie in jedem Supermarkt oder Bioladen bekommen.

Tamari

Tamari ist Sojasauce, die den natürlichen Geschmack der Zutaten während des Kochens und bei Tisch verstärkt. Sie gilt auch als Salzersatz, weshalb Sie etwas vorsichtig sein sollten, wenn Sie ein Gericht, das Tamari enthält, zusätzlich mit Salz nachwürzen möchten.

Bei Sojasaucen unterscheidet man zwischen Tamari und Shoyu. Tamari entsteht aus der Fermentation von Sojabohnen und Meersalz und ist kräftig im Geschmack, während bei der Herstellung von Shoyu noch Weizen beigegeben wird, wodurch das Aroma etwas milder wird. Die Fermentierung kann zwei Jahre und länger dauern. Durch diese Fermentation wird das Eiweiß in Aminosäuren umgewandelt und die Sojasauce erhält dadurch ihren typischen Geschmack, ihre Farbe und das charakteristische Aroma.

Es ist ratsam, Sojasaucen zu kaufen, die im Originalverfahren hergestellt worden sind, d.h. über eine Zeitspanne von etwa zwei Jahren in Holzfässern gelagert wurden. Viele Sojasaucen werden heute nicht mehr traditionell hergestellt, sondern oft mithilfe von Chemikalien. Und anstelle von Sojabohnen wird nur Sojamehl verwendet. Außerdem findet kein Fermentationsprozess statt. Diese Sojasaucen haben dann auch keine positive Wirkung mehr auf die Gesundheit, im Gegensatz zu traditionell hergestellten Sojasaucen. Ich selbst verwende Tamari von der Firma LIMA (www.limafood.com) aus dem Bioladen oder Reformhaus.

Reiswein (Mirin)

Manche von Ihnen haben vielleicht noch nie von Reiswein (Mirin) gehört. Ich bin mir sicher, Sie werden begeistert davon sein. Seit ich ihn verwende, ist er aus meiner Küche kaum mehr wegzudenken. Die köstliche Würze ist ein idealer Partner zu Tamari (Sojasauce) und vielseitig einsetzbar, zum Beispiel in Pfannen- und Wok-Gerichten, aber auch in Marinaden, Suppen und Desserts. Beim Kochen verdampft der Alkoholgehalt von 14% und lediglich der feine Geschmack mit der speziellen Note bleibt im Essen.

Auch hier empfehle ich, auf Qualität zu achten. Das Original aus Japan wird aus Klebreis, Reishefe/Koji, Wasser und hochprozentigem Alkohol hergestellt. Die dadurch geschaffene zuckrige Lösung wird durch den Zusatz von Alkohol an der vollen Vergärung gehindert. Billige Varianten aus industrieller Verarbeitung werden aus Industriealkohol, Zucker und Reisextrakt zusammengemischt. Ich persönlich verwende den Reiswein der Firma Ruschin aus dem Bioladen.

Kreuzkümmel

Kreuzkümmel wird auch Cumin oder Mutterkümmel genannt und hat mit dem uns bekannten Kümmel nichts zu tun. Kreuzkümmel hat einen sehr intensiven Geschmack, der sich beim Kochen und Braten deutlich verändert. Wer also das herkömmliche Kümmelaroma nicht mag, kann am Kreuzkümmel dennoch durchaus Gefallen finden. Probieren Sie es aus.

Ich rate dazu, die gemahlene Form zu verwenden, weil in den Rezepten oft von 1–2 Messerspitzen (Msp.) die Rede ist, die das Gericht angenehm aromatisieren. Bei der Verwendung von Kreuzkümmel-Körnern kann es leicht zur Überdosierung und Dominanz kommen, was Ihnen das fertige Gericht »verkümmeln« würde …

Curry

Curry ist eine Gewürzmischung aus etwa 13 Einzelgewürzen, die den indischen Masalas (= Gewürzmischungen) nachempfunden ist. Es gibt verschiedene Curry-Mischungen und ich überlasse es gerne Ihrem persönlichen Geschmack, ob Sie sich für eine eher mildere oder scharfe Variante entscheiden.

Cayennepfeffer

Die Grundlage für Cayennepfeffer bilden die getrockneten und gemahlenen scharfen Früchte der Chilisorte Cayenne. Mit der Frucht des Pfeffergewächses hat Cayennepfeffer also nichts zu tun. Da dieses Gewürz sehr scharf ist, empfehle ich einen behutsamen Umgang damit.

Vegane Currypaste

Currypasten stammen ursprünglich aus der thailändischen Küche. Sie werden aus verschiedenen Kräutern und Gewürzen hergestellt und geben den Gerichten Schärfe und einen besonders guten Geschmack. Die rote Currypaste ist zwar scharf, aber in kleinen Dosen auch für empfindliche Gaumen durchaus verträglich. Die grüne Variante ist nichts für zarte Gaumen, da sie sehr feurig ist. Die mildeste Variante ist die gelbe Currypaste, die ihre Farbe der Zugabe von Kurkuma verdankt.

In den meisten handelsüblichen Currypasten sind getrocknete Garnelen und Fischsauce enthalten – sie sind somit nicht vegan! Während ich deshalb früher meine Currypasten selbst hergestellt habe, gibt es zwischenzeitlich im Bioladen zahlreiche vegane Currypasten, zum Beispiel von der Firma Arche (www.arche-naturprodukte.de) und der Firma Sanchon (www.sanchon.de).

Oregano

Oregano bringt Ihnen den Süden in die Küche! Und zwar nicht nur bei mediterranen italienischen Rezepten, auch der »guten deutschen Küche« kann er einen tollen Akzent verleihen. Oregano verfeinert sowohl getrocknet als auch frisch allerlei Gemüsegerichte – insbesondere zusammen mit Tomaten bildet er ein tolles Duo – und schmeckt zum Beispiel auch prima zu Kartoffeln.

Thymian

Thymian kennen Sie vielleicht in Form von Saft oder Tee bei Husten oder Bronchitis. Aber er kann noch viel mehr! Thymian ist ein hervorragendes Würzkraut, das den Geschmack des Sommers in die Küche zaubert. Ähnlich wie Oregano bringt er richtig Pfiff in allerlei Gemüsegerichte. Die beiden Kräuter Oregano und Thymian lassen sich auch sehr gut kombinieren, probieren Sie es mal.

Gemüsebrühe

Bei Instant-Gemüsebrühe sollte man als gesundheitsbewusster Veganer darauf achten, dass sie ohne Geschmacksverstärker, Glutamat, Hefeextrakt, künstliche Aromen, Zucker, Konservierungsstoffe und natürlich frei von tierlichen Zutaten ist. Puh, das hört sich erst einmal etwas kompliziert und nach viel Etikettenstudium an. Aber ich kann Sie beruhigen: im Bioladen und Reformhaus gibt es hier zwischenzeitlich ein großes Angebot. Ich persönlich verwende die hefefreie Gemüsebrühe der Firma Rapunzel, die es in fast jedem Bioladen gibt. Vegane Freunde von mir schwören zum Beispiel auf die Gemüsebrühe der Fa. Lebe Gesund (www.lebegesund.de).

Paprika edelsüß

Denken Sie gerade spontan an Puszta, Wildpferde und (veganes) Gulasch? Der Gedankensprung zu Ungarn liegt auf der Hand, schließlich hat dieses Land dem Paprikagewürz zu einiger Bekanntheit verholfen. Paprika edelsüß kann sowohl zum Mitgaren als auch zum Nachwürzen recht großzügig verwendet werden. Es hat, wie der Name schon sagt, ein süßliches, durchdringendes und volles Aroma. Aufpassen muss man nur beim Anbraten in der Pfanne mit Öl. Bei zu hoher Hitze kann das Gewürz einen bitteren Geschmack entwickeln.

Küchen-Klassiker

Ob Veganer, Fleischliebhaber oder Anhänger der 5-Elemente-Lehre – gewisse Zutaten braucht einfach jeder von uns in der Küche. Das merken wir spätestens dann, wenn wir vergessen haben das Dessert zu süßen oder die Suppe zu salzen. Solche Basics setzen wir auch in den Rezepten voraus. Sie werden jedoch nicht in der 3+3+3-Zutatenliste genannt, sondern bei den einzelnen Zubereitungsschritten fett gedruckt. Und um diese Kandidaten geht es dabei genau:

Salz

Bei der Verwendung von Salz empfehle ich Meersalz oder Steinsalz, am besten frisch gemahlen aus der Salzmühle. Auch jodhaltiges Salz ist ggf. in Erwägung zu ziehen. Von raffiniertem (Koch-)Salz, das durch verschiedene industrielle Prozesse denaturiert wird und zum Teil mit künstlichen Stoffen versehen ist, rate ich aus gesundheitlichen und geschmacklichen Gründen ab.

Schwarzer Pfeffer

Auch beim Pfeffer gibt es große Qualitätsunterschiede. Ich mache keine Wissenschaft daraus, rate jedoch zum Kauf von ganzen Pfefferkörnern in Bioqualität und der Verwendung einer Pfeffermühle.

Olivenöl

Olivenöl ist voller Vitamine und Nährstoffe, wirkt entzündungshemmend und antibakteriell und schmeckt dazu noch ausgesprochen lecker. Bitte achten Sie jedoch darauf, dass Sie nur natives (also kalt gepresstes) Olivenöl kaufen und kein raffiniertes, industriell verarbeitetes Produkt. Native Öle sind allerdings durch den Erhalt der vielen Begleitstoffe sehr hitzeempfindlich. Bei einer Temperatur von mehr als 180 Grad können die wertvollen Inhaltsstoffe miteinander reagieren und dabei giftige Verbindungen eingehen. Außerdem erreichen die gesünderen kalt gepressten Öle schneller hohe Temperaturen und fangen in der Pfanne an zu rauchen. Deshalb sollten Olivenöle vorwiegend für kalte Speisen oder zum Kurzbraten bei mäßigen Temperaturen verwendet werden. Je besser die Qualität des Olivenöls, desto weniger hoch erhitzbar ist es.

Rapsöl

Manche sagen, dass Rapsöl sogar noch gesünder sei als Olivenöl, vor allem wegen der enthaltenen Omega-3-Fettsäuren. Es sollte – wenn überhaupt – nur sehr vorsichtig erhitzt werden. Ich benutze es daher nur kalt in Salaten.

Bratöl

Hochwertiges Bratöl wird beispielsweise aus sogenannten »high oleic Sonnenblumenkernen« gepresst, einer speziellen Sorte, die besonders reich an Ölsäure und damit naturgemäß schon sehr hitzestabil ist. Insofern eignet sich Bratöl auch hervorragend für WOK-Gerichte, da hier sehr hoch erhitzt wird.

Weißer Balsamico-Essig

Für mein »Privatvergnügen« kommen in meiner Küche mindestens fünf verschiedene Essige zum Einsatz. Für das McVeg-System habe ich mir überlegt, welcher Essig sich wohl am besten als »Allrounder« eignet und zu allem passt. Ich habe mich schließlich für den wohlschmeckenden und farbneutralen weißen Balsamico-Essig entschieden. Essige sind übrigens oft nicht vegan, weil sie mit Gelatine geklärt werden. Auf der sicheren Seite sind Sie z. B. bei Produkten der Firma Rapunzel (www.rapunzel.de). Deren Essige sind alle vegan.

Senf mittelscharf

Senf ist eines der beliebtesten Würzmittel der Welt und findet seinen Einsatz beim Braten und Kochen, in Marinaden und Dressings. Mit der Sorte Senf mittelscharf haben Sie einen guten Allrounder als Basis für zahlreiche Gerichte.

Ahornsirup

Ahornsirup ist wesentlich gesünder als Zucker, denn er enthält Kalium, Natrium, Kalzium, Eisen und viele Vitamine. Ahornsirup finden Sie in verschiedenen Qualitätsstufen von Grad AA – D. Der hochwertigste bei uns in Europa erhältliche Sirup ist derjenige des Grades AA.

Ahornsirup wird von vielen Veganern gerne als „Blut der Bäume« herabgestuft. Nach meiner Information wird den Bäumen jedoch nur so viel Pflanzensaft entnommen, dass ihnen kein bedeutender Schaden zugefügt wird. Ebenfalls als Süßungsmittel zu empfehlen sind der Kokosblütenzucker (dieser ist jedoch sehr teuer), Dattelsirup, der leider etwas schwer erhältlich ist, oder Agavendicksaft.

Tomatenmark

Tomatenmark sollte in jedem Vorratsschrank stehen, denn es liefert Würze und fruchtige Säure, was vielen Gerichten ein unverzichtbares tolles Aroma verleiht.

Frische Bio-Zitronen

Zitronen sind das Top-Basic für die letzten Kicks beim Kochen. Da in meinen Rezepten auch oft die Schale der Zitrone zum Einsatz kommt, sollten Sie hier auf unbehandelte Bio-Qualität achten.

Zitronen sind bei richtiger Lagerung sehr lange haltbar. Sie sollten möglichst bei 10–15 Grad (kühler Keller oder Flur), nicht zu dicht beieinander und fern von Äpfeln und anderen nachreifenden Früchten und Gemüsesorten aufbewahrt werden. Kühlschrankkälte bekommt ihnen nicht. Angeschnittene Zitronen bewahre ich jedoch in Frischhaltefolie verpackt durchaus noch viele Tage im Kühlschrank auf.

Vegane
Turbo-Rezepte

Genug der Theorie – ab hier geht's ums Kochen und Genießen. Viel Spaß dabei und guten Appetit!

Tofu-Paprika-Aufstrich

Paprika ist eine wahre Vitamin-C-Bombe!

 **10 Min.**

▶ **Für 2 Personen**
Frisch: 1 große rote Paprika · 1 Zwiebel · 1 EL Cashewkerne oder Walnüsse
Vorrat: 200 g Tofu natur
Gewürze: ¼ TL Paprika edelsüß

- Die Paprika waschen, entkernen und in kleine Stücke schneiden. Die Zwiebel schälen und fein hacken.
- Den Tofu in Würfel schneiden und anschließend mit einer Gabel zerdrücken.
- Paprika, Zwiebelstücke, zerdrückten Tofu, Cashewkerne und Paprika edelsüß mit 3 Esslöffeln **Zitronensaft**, 2 Esslöffeln **Olivenöl**, **Salz** und **Pfeffer** in den Mixer geben oder mit dem Zauberstab fein pürieren. Der Aufstrich schmeckt am besten zu frischem Brot.

BROTAUFSTRICHE UND DIPS

Erdnussmus

... mit feiner orientalischer Note!

⌚ 10 Min.

▶ **Für 2 Personen**
Frisch: 100 g ungesalzene Erdnüsse ·
1 Knoblauchzehe
Gewürze: 2 TL Curry · 1 TL Tamari

— Die Erdnüsse in einer Pfanne ohne
Fett goldgelb anrösten. Anschließend
mit ca. 2 EL **Olivenöl** im Mixer oder
mit dem Zauberstab pürieren.
— Den Knoblauch schälen und fein
hacken. Zusammen mit dem Curry,
Tamari und etwas **Salz** gut durchpürieren.

Tipp

Wenn Sie etwas Mus übrig haben
und in einem Glas aufbewahren,
setzt sich das Öl während des La-
gerns oben ab. Daher sollte man es
gelegentlich wieder gut einrühren,
damit die Masse nicht trocken wird.

Joghurt-Kräuter-Dip

Passt prima zu den Kartoffelrösti auf
Seite 67

⌚ 10 Min.

▶ **Für 2 Personen**
Frisch: 1 Zwiebel · 1 Knoblauchzehe ·
1 Bund Petersilie
Vorrat: 300 g Sojajoghurt
Gewürze: 1 Msp. Cayennepfeffer ·
½ TL Paprika edelsüß

— Die Zwiebel und den Knoblauch schälen und fein hacken. Die Petersilie
waschen, trockentupfen und ebenfalls
fein hacken.
— Zusammen mit den anderen Zutaten sowie 2 Esslöffeln **Tomatenmark**,
1 Esslöffel **Olivenöl** und 1 Teelöffel
Essig mischen. Mit **Salz** und **Pfeffer**
abschmecken und idealerweise im
Kühlschrank noch etwas durchziehen
lassen.

Tipp

Dieser Dip passt auch einfach zu
gekochten Pellkartoffeln oder man
kann Gemüsesticks hineindippen.

Kichererbsen-Sesam-Aufstrich

Mit viel wertvollem Eiweiß

ⓥ 10 Min.

▶ **Für 2 Personen**

Frisch: 1 Glas Kichererbsen (215 g Abtropfgewicht) · 1–2 Knoblauchzehen · 3 EL Sesampaste (Tahin)
Gewürze: 150 ml Gemüsebrühe (kalt) · 2 Msp. Cayennepfeffer

- Die Kichererbsen abseihen und abtropfen lassen. Den Knoblauch schälen und fein hacken.
- Sesampaste mit 3 Esslöffeln **Zitronensaft** und der Gemüsebrühe glattrühren, mit Cayennepfeffer, **Salz** und **Pfeffer** würzen. Den Knoblauch und 2 Esslöffel **Olivenöl** hinzufügen.
- Alles zusammen mit den Kichererbsen in den Mixer geben oder mit dem Zauberstab pürieren.

Rohkost-Dip to go

Mit Gemüsesticks ideal auch für unterwegs

ⓥ 10 Min.

▶ **Für 2 Personen**

Frisch: 1 Bund frische gemischte Kräuter (oder nur Petersilie)
Vorrat: 250 g Sojajoghurt
Gewürze: 1–2 TL Curry

- Die Kräuter waschen und fein hacken.
- Den Sojajoghurt gemeinsam mit dem Curry, 2 Esslöffeln **Rapsöl**, 1 Esslöffel **Senf**, 1 Teelöffel **Ahornsirup** und ½ Teelöffel **Salz** in den Mixer geben oder mit dem Zauberstab gut durchpürieren.
- Anschließend die gehackten Kräuter unterheben.

Kräuter-Sesampaste

Sesam: uralt und urgesund!

⌄ 10 Min.

▶ Für 2 Personen
Frisch: 5 EL Sesampaste (Tahin) ·
1 Knoblauchzehe · 1 Bund frische
gemischte Kräuter
Gewürze: ¼ TL Thymian · 4 EL Gemüsebrühe (kalt)

- Sesampaste mit Gemüsebrühe (oder
  Wasser) und 1 Esslöffel **Zitronensaft**
  glatt rühren.
- Knoblauch schälen und fein hacken.
  Mit **Pfeffer**, **Salz** und Thymian zu der
  Paste geben.
- Die Kräuter waschen, fein hacken und
  unter die Paste heben.

Tipp

**Sesampaste hat einen hohen wert-
vollen Fettgehalt und ist daher im
Kühlschrank auch lange haltbar.**

Oliven-Aufstrich

Schmeckt nach Urlaub am Mittelmeer!

⌄ 10 Min.

▶ Für 2 Personen
Frisch: 150 g schwarze Oliven ohne
Stein · 1 Bund Petersilie · 1 EL Kapern
Vorrat: 100 g Tofu natur · 2 EL Soja-
sahne
Gewürze: 1 Msp. Cayennepfeffer

- Die Oliven und Petersilie waschen
  und fein hacken. Zusammen mit den
  Kapern und 2 Esslöffeln **Olivenöl** verrühren.
- Den Tofu in Würfel schneiden. Zusammen mit der Sahne in den Mixer
  geben oder mit dem Zauberstab fein
  pürieren.
- Die übrigen Zutaten hinzufügen,
  ebenfalls durchmixen und mit **Salz**,
  Pfeffer und Cayennepfeffer abschmecken und servieren.

◀ Kräuter-Sesampaste

Rote-Linsen-Aufstrich

Viel Eisen, viel Zink – und super lecker!

🕑 20 Min.

▶ **Für 2 Personen**
Frisch: 100 g rote Linsen · 1 Peperoni-Schote · 1 Knoblauchzehe (optional)
Gewürze: ¼ TL Oregano · ¼ TL Thymian · 1 Msp. Cayennepfeffer

- Die Linsen unter fließendem Wasser waschen und entsprechend der Packungsanleitung mit etwa der doppelten Menge Wasser weich garen, was etwa 10–15 Min. dauert. Etwas abkühlen lassen.
- Peperoni waschen und fein hacken. Knoblauch schälen und fein hacken.
- Die Linsen mit der Peperoni, dem Knoblauch, **Salz**, Cayennepfeffer, den Kräutern und 2 EL **Tomatenmark** in den Mixer geben oder mit dem Zauberstab pürieren.

Tipp

Das Rezept funktioniert mit getrockneten ebenso wie auch mit frischen Kräutern.

Rotes Pesto

Schmeckt als Aufstrich oder zu Nudeln

🕑 15 Min.

▶ **Für 2 Personen**
Frisch: 150 g getrocknete Tomaten in Öl · 1 rote Zwiebel · 1 Bund frisches Basilikum

- Die Tomaten klein schneiden. Die Zwiebel schälen und fein hacken. Basilikum waschen, die Blättchen abzupfen und fein hacken (oder mit der Kräuterwiege wiegen).
- Alle Zutaten zusammen mit 6 Esslöffeln **Olivenöl**, 2 Teelöffeln **Balsamico-Essig**, **Salz** und **Pfeffer** im Mixer oder mit dem Zauberstab pürieren.

Tipp

Beim Basilikum scheiden sich die Geister, ob er nur gezupft oder auch geschnitten werden darf, da sein Aroma ziemlich flüchtig ist. Kurz vor dem Verzehr kann er aber auf jeden Fall geschnitten werden.

Avocado-Tomaten-Aufstrich

Gesunde Fette und wertvolle Vitamine – perfekt!

- Avocados halbieren und die Kerne entfernen. Das Fruchtfleisch mit einem Löffel herausschaben und mit einer Gabel zerdrücken.
- Die Tomate waschen und in kleine Würfel schneiden, dabei den Strunk entfernen. Den Schnittlauch waschen und in feine Röllchen schneiden. Die **Zitrone** zu Saft pressen.
- Die Avocadomousse mit Zitronensaft vermengen, mit **Salz**, **Pfeffer** und Cayennepfeffer abschmecken.
- Tomatenwürfel und Schnittlauch untermengen und am besten mit frischem Vollkornbrot servieren.

🕐 10 Min.

▶ Für 2 Personen
Frisch: 2 reife Avocados ·
1 große Tomate ·
1 Bund Schnittlauch
Gewürze: 1–2 Msp.
Cayennepfeffer

Tipp

Kaufen Sie Avocados am besten, wenn sie noch hart sind, und lagern Sie sie idealerweise gemeinsam mit einem Apfel in einer Papiertüte bei Zimmertemperatur. Je nach Reifegrad kann es 2–10 Tage dauern, bis die Frucht weich und verzehrbereit ist.

Fruchtiger Avocado-Salat

Ideal auch als Pausensnack fürs Büro

🕐 **10 Min.**

▶ **Für 2 Personen**
Frisch: 2 reife Avocados · 2 kleine Äpfel · 2 kleine rote
Zwiebeln (oder Schalotten)
Gewürze: 2 Msp. Paprika edelsüß

- Avocados halbieren und den Kern herauslösen. Mit einem Teelöffel das Fruchtfleisch möglichst am Stück aus der Schale lösen und in kleine Scheiben schneiden.
- Äpfel waschen, achteln, das Kerngehäuse entfernen und ebenfalls in Scheiben schneiden. Die Zwiebeln schälen und in halbe Ringe schneiden.
- Alles in einer Schüssel mit Paprika edelsüß, **Salz** und **Pfeffer**, 4 Esslöffeln **Olivenöl**, 4 Esslöffeln **Zitronensaft** und einem Teelöffel **Essig** gut vermischen. Dazu passt frisches Baguette oder Vollkornbrot.

Bohnen-Tomaten-Salat

Ein frischer Sommersalat

🕐 20 Min.

▶ **Für 2 Personen**
Frisch: 300 g frische grüne Buschbohnen · 300 g Tomaten · 1 Zwiebel

- Die Bohnen waschen, die Enden abschneiden und entsorgen. Bohnen in mundgerechte Stücke schneiden und in Salzwasser 10 Min. garen, danach abseihen und abtropfen lassen.
- Tomaten waschen und in Würfel schneiden. Den grünen Strunk entfernen. Zwiebel schälen und in Ringe schneiden.
- Aus 1 Teelöffel **Senf**, 3 Esslöffeln **Olivenöl**, 3 Esslöffeln **Essig,** 1 Esslöffel **Ahornsirup**, **Salz** und **Pfeffer** ein Dressing anrühren.
- Alle Zutaten gut vermischen und am besten mit frischem Brot servieren.

Champignon-Salat

Ballaststoffe satt!

🕐 10 Min.

▶ **Für 2 Personen**
Frisch: 250 g frische Champignons · ½ Bund Petersilie
Vorrat: 2 EL Sojajoghurt
Gewürze: 1 Msp. Paprika edelsüß

- Champignons mit einem Pinsel von eventuellen Verschmutzungen reinigen (nicht waschen!) und in feine Scheiben schneiden. Die Petersilie waschen und fein hacken.
- Aus der fein gehackten Petersilie, 2 Esslöffeln **Rapsöl**, **Salz**, **Pfeffer**, Paprika edelsüß, dem Saft einer halben **Zitrone** und dem Joghurt eine Sauce anrühren und unter die Champignons mischen.

Chicorée-Orangen-Salat

Auch ein Highlight, wenn Gäste kommen

🕐 10 Min.

▶ Für 2 Personen
Frisch: 2 Stauden Chicorée · 1 Orange · ½ Bund Dill (oder 1 TL getrockneten Dill)
Vorrat: 4 EL Sojajoghurt
Gewürze: 1 Msp. Cayennepfeffer

- Den Chicorée entblättern, sodass der Kern übrig bleibt. Chicorée-Blätter waschen, trockentupfen und in ca. 1 cm breite Stücke schneiden. Den Kern des Chicorées ebenfalls waschen und fein schneiden.
- Die Orange schälen und würfeln. Den Dill waschen und die Blättchen abzupfen.
- Aus 1 Esslöffel **Rapsöl**, 1 Esslöffel **Essig**, 1 Teelöffel **Senf**, etwas **Salz** und Cayennepfeffer, dem Sojajoghurt und dem Dill eine Marinade anrühren. Diese mit dem Chicorée und den Orangenwürfeln gut vermengen und den Salat servieren.

Fenchel-Dattel-Salat

Macht sich toll in einem winterlichen Menü

🕐 15 Min.

▶ Für 2 Personen
Frisch: 1 Knolle Fenchel · 1 kleiner Apfel · 50 g frische oder getrocknete Datteln
Vorrat: 4 EL Sojajoghurt

- Den Fenchel waschen und in sehr feine Streifen oder Würfel schneiden. Das Fenchelgrün für die Deko aufbewahren.
- Den Apfel waschen, vierteln, entkernen und in feine Scheiben schneiden. Die Datteln längs aufschlitzen, den Stein entfernen und in kleine Würfel schneiden. Alles vorsichtig mit **Zitronensaft** beträufeln und gut miteinander vermengen.
- Aus ½ Teelöffel **Senf**, ½ Teelöffel **Ahornsirup**, **Salz**, **Pfeffer** und Joghurt eine Marinade anrühren und gut unter den Salat mischen. Mit dem Fenchelgrün garnieren und servieren.

Salat Caprese mit Tofu

Zaubert italienisches Flair auf den Tisch

🕐 10 Min.

▶ **Für 2 Personen**
Frisch: 3 große Tomaten · ½ Bund Basilikum
Vorrat: 200 g Tofu natur

- Die Tomaten waschen und in dünne Scheiben schneiden. Den Tofu mit Küchenkrepp trockentupfen und in feine Scheiben schneiden.
- Basilikum waschen und die Blättchen mit den Händen grob zerkleinern.
- Aus 3 Esslöffeln **Olivenöl**, 1 Esslöffel **Essig, Salz, Pfeffer**, ½ Teelöffel **Ahornsirup**, ¼ Teelöffel **Senf** und der Hälfte der Basilikumblätter eine Marinade anrühren.
- Die Tomaten und Tofuscheiben auf einem Teller abwechselnd aneinander schichten, mit Marinade begießen und mit den restlichen Basilikumblättern garnieren.

◀ Salat Caprese

Knackiger Kohlrabi-Paprika-Salat

Kohlrabi und Paprika – ein vitaminreiches Duo

🕐 15 Min.

▶ **Für 2 Personen**
Frisch: 2 kleine Kohlrabi · 2 kleine rote Paprika · 4 EL Hefeflocken (optional)
Vorrat: 4 EL Sojajoghurt · 150 g Räuchertofu
Gewürze: 1 TL Thymian

- Den Kohlrabi schälen und ihn zuerst in Scheiben und dann in feine Streifen schneiden.
- Die Paprika waschen, entkernen und ebenfalls in feine Streifen schneiden. Den Räuchertofu in Würfel schneiden.
- Aus **Salz, Pfeffer**, 1 Teelöffel **Senf**, 1 Esslöffel **Ahornsirup**, 2–3 Esslöffeln **Essig**, 2 Esslöffeln **Rapsöl**, Thymian, Hefeflocken und Sojajoghurt ein Dressing anrühren und mit den Zutaten gut vermischen.

Sauerkraut-Trauben-Salat

Toll im Herbst und Winter, wenn es frisches Sauerkraut gibt

🕑 15 Min.

▶ **Für 2 Personen**
Frisch: 300 g frisches Sauerkraut · 1 rote Zwiebel · 200 g kernlose Trauben
Gewürze: ¼ TL Kreuzkümmel

- Das Sauerkraut in eine Schüssel geben und mit dem Messer etwas feiner schneiden. Die Zwiebel schälen und fein hacken, anschließend zum Kraut geben.
- Die Trauben waschen, vom Stil zupfen, längs halbieren und ebenfalls zum Kraut geben. Kreuzkümmel, 4 Esslöffel **Rapsöl**, etwas **Pfeffer** und 1 Teelöffel **Ahornsirup** hinzufügen.
- Alles gut untereinander mischen und am besten mit Vollkornbrot servieren.

Rettich-Paprika-Salat

Schön knackig und würzig

🕑 15 Min.

▶ **Für 2 Personen**
Frisch: 1–2 dicke weiße oder schwarze Rettiche · 1 kleine rote Paprika · ½ Bund Petersilie

- Den Rettich unter fließendem Wasser bürsten (nicht schälen) und anschließend grob raffeln.
- Die Paprikaschote waschen, entkernen und in feine Streifen oder Würfel schneiden. Petersilie waschen und fein hacken.
- Aus 3 Esslöffeln **Rapsöl**, 1 Esslöffel **Essig, Pfeffer, Salz** und 1–2 Teelöffeln **Zitronensaft** eine Marinade anrühren und gut mit den übrigen Zutaten vermischen.

Sauerkraut-Trauben-Salat ▶

Rote-Bete-Salat

Besonders lecker mit frischer Roter
Bete vom Markt

⊘ **10 Min.**

▶ **Für 2 Personen**
Frisch: 2 Rote Bete · 1 Schalotte ·
4 EL Sonnenblumenkerne
Gewürze: ½ TL Kreuzkümmel gemahlen

- Die Rote Bete unter fließendem Wasser mit der Gemüsebürste säubern.
  Den Strunk jeweils abschneiden und
  mit der Rohkostreibe fein raspeln. Die
  Schalotte schälen und fein hacken.
- In einer Schüssel mit Kreuzkümmel,
  Salz, **Pfeffer**, je 2 Esslöffeln **Rapsöl** und
  Essig sowie den Sonnenblumenkernen gut vermischen und servieren.

Tipp

**Anstelle der Schalotte können Sie für
diesen Salat auch einen geriebenen
süßen Apfel verwenden.**

Kichererbsen-Salat

Ein erfrischender Sommersalat

⊘ **10 Min.**

▶ **Für 2 Personen**
Frisch: 1 Salatgurke · 4 Tomaten · 1 Glas
(oder Dose) Kichererbsen (Abtropfgewicht 215 g)
Gewürze: ½ TL Thymian

- Die Salatgurke waschen, längs halbieren und dann in dünne Scheiben
  schneiden. Die Tomaten waschen und
  in Würfel schneiden. Die Kichererbsen
  in einem Sieb abseihen und abtropfen
  lassen.
- Aus Thymian, **Pfeffer**, **Salz**, 1 Esslöffel
  Ahornsirup, ½ Teelöffel **Senf**, jeweils
  2 Esslöffeln **Essig** und **Rapsöl** ein
  Dressing anrühren und mit den restlichen Zutaten gut vermischen.

Tofu-Koriander-Salat

Diese »Eiweißbombe« macht lange satt

Weiße Bohnen-Tomaten-Salat

Auch ideal als Mittagspausen-Snack

🕐 15 Min.

🕐 10 Min.

▶ **Für 2 Personen**
Frisch: 400 g Basilikum-Tofu (Fa. Taifun, Bioladen) · 2 Bund frischer Koriander · 1–2 Knoblauchzehen (optional)

▶ **Für 2 Personen**
Frisch: 1 Glas weiße Bohnen (Abtropfgewicht 215 g) · 4 Tomaten · 2 Frühlingszwiebeln
Vorrat: 2 EL Sojajoghurt
Gewürze: ½ TL Thymian · ½ TL Oregano

- Den Tofu zuerst in Würfel schneiden und anschließend mit einer Gabel so lange zerdrücken, bis die Würfel fein bröselig geworden sind.
- Den Koriander waschen und fein hacken. Knoblauch schälen und fein hacken. Alle Zutaten mit 4 Esslöffeln **Olivenöl**, etwas **Salz** und **Pfeffer** vermischen.

- Die Bohnen in ein Sieb schütten, kalt abwaschen und abtropfen lassen. Tomaten waschen und würfeln. Frühlingszwiebeln waschen und schräg in etwa 1 cm breite Ringe schneiden.
- In einer Salatschüssel aus 2 EL Sojaghurt, Thymian, Oregano, **Salz**, **Pfeffer**, ½ Teelöffel **Senf**, 1 Teelöffel **Ahornsirup** und jeweils einem Esslöffel **Essig** und **Olivenöl** ein Dressing anrühren.
- Die Bohnen, Tomaten und Frühlingszwiebeln hinzufügen und alles gut miteinander vermischen.

TIPP

Am besten schmeckt der Salat, wenn man ihn im Kühlschrank ein paar Stunden durchziehen lässt. Den Basilikum-Tofu kann man übrigens auch gegen Paprika-Tofu austauschen.

TIPP

Anstelle von Frühlingszwiebeln können Sie natürlich auch normale Zwiebeln verwenden oder eine fein gehackte Knoblauchzehe.

Sellerie-Walnuss-Salat mit Kokosmilch

Winterlich und exotisch

🕥 20 Min.

▶ **Für 2 Personen**
Frisch: 1 Sellerieknolle (ca. 400 g) ·
1 Orange · 2 EL Walnüsse
Vorrat: 100 ml Kokosmilch

- Von der Sellerieknolle die schmutzige Rinde mit einem Messer ringsum abschneiden und den Sellerie anschließend grob raffeln.
- Die Orange schälen und in kleine Stücke schneiden. In einer Schüssel die Kokosmilch mit 1 EL **Essig**, etwas **Salz** und **Pfeffer** vermischen.
- Den geraffelten Sellerie, die Orangenwürfel und Walnüsse gut untermischen und am besten mit frischem Vollkornbrot servieren.

◀ Tabouleh

Tabouleh

Auch bekannt als libanesischer Petersiliensalat

🕥 25 Min.

▶ **Für 2 Personen**
Frisch: 1 Zwiebel · 2 große Tomaten ·
1 großer Bund Petersilie
Vorrat: 100 g Bulgur
Gewürze: 300 ml Gemüsebrühe · 1 Msp.
Cayennepfeffer · 1 Msp. Kreuzkümmel

- Den Bulgur mit kochender Gemüsebrühe übergießen, 2 Min. köcheln lassen und auf der warmen Herdplatte noch 15–20 Min. nachquellen lassen.
- Die Zwiebel schälen und in feine halbe Ringe schneiden. Tomaten waschen und in kleine Würfel schneiden. Die Petersilie waschen, trocken tupfen und fein hacken.
- Aus dem Saft einer **Zitrone**, 2 Esslöffeln **Olivenöl**, etwas **Salz**, **Pfeffer**, Cayennepfeffer und Kreuzkümmel eine Marinade anrühren.
- Bulgur und Zwiebelringe in einer Schüssel gut vermengen, damit der Bulgur das Zwiebelaroma etwas annimmt. Petersilie, Tomatenwürfel und Marinade gut untermischen und servieren.

Kichererbsen-Tomaten-Suppe

Eine meiner Lieblingssuppen!

🕐 15 Min.

▶ **Für 2 Personen**
Frisch: 1 Zwiebel · 1 Glas Kichererbsen (ca. 230 g Abtropfgewicht) · 1 Dose stückige Tomaten (ca. 240 g Abtropfgewicht)
Vorrat: 3 EL Sojasahne
Gewürze: ca. 350 ml Gemüsebrühe · ½ TL Kreuzkümmel ·
2 Msp. Cayennepfeffer

- Die Zwiebel schälen und fein hacken. Die Kichererbsen
  in ein Sieb schütten und abtropfen lassen.
- 2 EL **Olivenöl** in einem Topf erhitzen und die Zwiebeln
  darin anbraten. 1 Esslöffel **Tomatenmark** unterrühren
  und ganz kurz mitbraten.
- Die Kichererbsen und Tomaten hinzufügen, mit Gemüsebrühe auffüllen, bis alle Zutaten knapp bedeckt sind,
  aufkochen und bei geringer Temperatur etwa 10 Min.
  zugedeckt köcheln lassen.
- Kreuzkümmel, Cayennepfeffer, 1 Teelöffel **Ahornsirup**
  und 1 Teelöffel **Zitronensaft** unterrühren und mit **Salz**
  und **Pfeffer** abschmecken. Am Schluss die Sojasahne unterrühren und am besten mit Vollkornbrot oder
  Baguette servieren.

SUPPEN

Fenchelsuppe mit Pernod

Der Pernod gibt einen hauchfeinen Anis-Akzent

🕐 20 Min.

▶ **Für 2 Personen**
Frisch: 2 Knollen Fenchel · 1 EL Pernod
Vorrat: 4 EL Sojasahne
Gewürze: ca. 500 ml Gemüsebrühe (je nach Fenchelgröße) · 1–2 Msp. Cayennepfeffer

- Den Fenchel waschen und in feine Scheiben schneiden, den Strunk entfernen. In einem hohen Topf 1–2 EL **Olivenöl** erhitzen und den Fenchel unter ständigem Wenden darin kurz anbraten.
- Mit Gemüsebrühe auffüllen, bis das Gemüse knapp bedeckt ist und bei kleiner Hitze etwa 10–15 Min. köcheln lassen, bis die Fenchelscheiben weich sind.
- Im Mixer oder mit dem Zauberstab pürieren und wieder in den Topf geben. Pernod, Cayennepfeffer und Sahne hinzufügen und mit **Salz** und **Pfeffer** abschmecken.

Paprika-Suppe

Rot, gelb, grün, orange – Sie haben die Wahl!

🕐 25 Min.

▶ **Für 2 Personen**
Frisch: 3 große Paprikaschoten · 1–2 Schalotten · 1 Knoblauchzehe
Vorrat: 6 EL Sojasahne
Gewürze: ca. 400 ml Gemüsebrühe · 2 Msp. Cayennepfeffer · 2 Msp. Curry

- Die Paprika waschen, entkernen und in kleine Würfel schneiden. Schalotte/n und Knoblauch schälen und fein hacken.
- In einem Topf 2 EL **Olivenöl** erhitzen, die Schalotten und den Knoblauch darin kurz anbraten. Paprikawürfel hinzufügen und zugedeckt bei kleiner Hitze im eigenen Saft weich dünsten, was etwa 15 Min. dauert.
- Etwas Gemüsebrühe hinzufügen und im Mixer oder mit dem Pürierstab pürieren. Mit Gemüsebrühe zur gewünschten Konsistenz verlängern.
- Sojasahne hinzufügen, vorsichtig mit **Salz**, Cayennepfeffer, Curry und ein paar Tropfen **Zitronensaft** würzen und servieren.

Blumenkohl-Suppe

Blumenkohl enthält viele Ballaststoffe und Chrom

- Vom Blumenkohl die Röschen abschneiden und den Blütenstiel in feine Scheiben schneiden. Beides waschen und in einem Sieb gut abtropfen lassen. Sie brauchen davon ca. 300 g.
- 1 Esslöffel **Olivenöl** in einem Topf erhitzen. Die Blumenkohlröschen und die Scheiben vom Stiel darin kurz anbraten und mit so viel Gemüsebrühe auffüllen, dass das Gemüse knapp bedeckt ist. Bei kleiner Hitze etwa 10–15 Min. köcheln lassen, bis das Gemüse weich ist.
- Währenddessen den Schnittlauch waschen und in feine Röllchen schneiden. Das Gemüse im Mixer oder mit dem Zauberstab pürieren und zurück in den Topf geben. Ggf. mit Gemüsebrühe zur gewünschten Konsistenz verlängern.
- Sojasahne, **Salz** und Cayennepfeffer hinzufügen und ggf. noch einmal leicht erhitzen. In Suppenschüsseln geben und mit Schnittlauch bestreuen.

🕐 25 Min.

▶ **Für 2 Personen**
Frisch: 1 kleiner Blumenkohl · 1 Bund Schnittlauch
Vorrat: 4 EL Sojasahne
Gewürze: ca. 500 ml Gemüsebrühe · 2 Msp. Cayennepfeffer

Tipp

Auf diese unkomplizierte Art lassen sich allerlei Gemüsesorten zu einer Suppe verarbeiten. Probieren Sie es anstelle von Blumenkohl doch einfach mal mit Sellerie.

Ingwer-Kürbis-Suppe mit Kokosmilch

Traumhaft lecker!

- Den Kürbis halbieren und mit einem Esslöffel die Kerne und die Fasern entfernen. Das Kürbisfleisch mit der Schale in kleine Würfel schneiden. Den Ingwer schälen und sehr fein hacken.
- 2 Esslöffel **Olivenöl** in einem Topf erhitzen und den Ingwer darin kurz anbraten. Kürbiswürfel hinzufügen und unter Wenden kurz mitbraten. Mit Gemüsebrühe auffüllen, bis der Kürbis bedeckt ist. Etwa 10 Min. bei kleiner Hitze köcheln lassen, bis der Kürbis weich ist.
- Währenddessen den Koriander waschen und fein hacken. Im Mixer oder mit dem Zauberstab fein pürieren. Tamari, Saft oder Schale einer halben **Zitrone** und die Kokosmilch hinzufügen und noch mal kurz aufkochen lassen. Den Koriander untermengen, mit **Salz** und **Pfeffer** abschmecken und servieren.

🕐 25 Min.

▶ Für 2 Personen
Frisch: 1 nicht zu kleiner Kürbis · 2 cm Ingwer · 1 Bund Koriander (ersatzweise Petersilie)
Vorrat: 200 ml Kokosmilch
Gewürze: 2 EL Tamari · ca. 500 ml Gemüsebrühe

Tipp

Wenn Sie eine fettärmere Suppe zubereiten wollen, ersetzen Sie die Kokosmilch einfach mal durch Sojajoghurt.

49

Grüne-Spargel-Suppe

Eine herrliche Frühlingssuppe

🕑 20 Min.

▶ **Für 2 Personen**
Frisch: 400 g frischer grüner Spargel ·
1 Zweig Kerbel
Vorrat: 4 EL Sojasahne
Gewürze: ca. 400 ml Gemüsebrühe ·
1–2 Msp. Cayennepfeffer · 1–2 Msp.
Curry

- Spargel waschen und den weniger
  zarten Teil am Spargelende mit einem
  Sparschäler abschälen. Den restlichen
  Spargel in kleine Stücke schneiden.
- Vom Kerbel die Blättchen abzupfen.
  1 Esslöffel **Olivenöl** in einem Topf erhitzen und die Spargelstücke darin
  anbraten. Mit Gemüsebrühe auffüllen,
  bis der Spargel knapp bedeckt ist.
- Aufkochen lassen und bei kleiner
  Hitze köcheln lassen, bis der Spargel
  weich ist.
- Die Suppe fein pürieren und zurück
  in den Topf geben. Sahne hinzufügen
  und vorsichtig mit **Salz**, Cayennepfeffer, Curry, ½ Teelöffel **Ahornsirup** und
  ein paar Spritzern **Zitronensaft** würzen. Mit den Kerbelblättchen bestreut
  servieren.

Rote Linsen-Suppe

Es müssen nicht immer braune Linsen
sein …

🕑 25 Min.

▶ **Für 2 Personen**
Frisch: 1 Zwiebel · 1 Karotte · 150 g Rote
Linsen
Vorrat: 2 EL Sojasahne
Gewürze: 500 ml Gemüsebrühe · 1 Msp.
Cayennepfeffer

- Die Zwiebel schälen und fein hacken.
  Karotte waschen und in dünne Scheiben oder Würfel schneiden.
- 2 Esslöffel **Olivenöl** in einem Topf erhitzen und die Zwiebel kurz anbraten.
  Karotten hinzufügen und kurz mitbraten. Ebenfalls 1 Esslöffel **Tomatenmark** hinzufügen und kurz anbraten.
- Linsen gut untermengen und mit der
  Gemüsebrühe auffüllen. Bei kleiner
  Hitze und geschlossenem Deckel etwa
  10–15 Min. leise köcheln lassen.
- Kurz vor Ende der Garzeit 1–2 Esslöffel **Essig**, 1 gestrichenen Teelöffel **Senf**
  und 1 Teelöffel **Ahornsirup** untermengen und mit Chilipulver, **Salz** und
  Pfeffer abschmecken.
- Zum Schluss die Sahne unterrühren
  und servieren.

Tomatensuppe mit Orange

Mit feinem fruchtigem Akzent

- Den Knoblauch schälen und fein hacken. Die Bio-Orange waschen und ca. ½ Teelöffel Schale abreiben. Bis zum Gebrauch beiseite stellen.
- 3 Esslöffel **Olivenöl** in einem Topf erhitzen und den Knoblauch darin anbraten. Bitte aufpassen, dass er nicht anbrennt. 4 Esslöffel **Tomatenmark** kurz mit anbraten, die Tomaten hinzufügen und die Gemüsebrühe angießen. Gut umrühren und bei kleiner Hitze etwa 10 Min. köcheln lassen
- Tamari, Oregano, **Salz**, **Pfeffer**, die Orangenschale und 1 Esslöffel **Ahornsirup** hinzufügen und kurz mitköcheln. Zum Schluss die Sahne hinzufügen und am besten mit frischem Baguette oder Vollkornbrot servieren.

⊙ 20 Min.

▶ Für 2 Personen

Frisch: 2 Knoblauch-zehen · 1 Bio-Orange · 2 Dosen stückige Tomaten
Vorrat: 6 EL Sojasahne
Gewürze: ca. 400 ml Gemüsebrühe · 3 EL Tamari · 2 TL Oregano

Tipp

Anstelle von Orangenschale können Sie auch Zitronen-schale verwenden. Diese gibt ebenfalls eine sehr feine Note.

51

Cremige Karottensuppe

Mit dezenter Schärfe

⏱ 25 Min.

▶ **Für 2 Personen**
Frisch: 500 g Karotten · 1 kleines Stück Ingwer · ½ Chilischote
Vorrat: 100 ml Sojasahne
Gewürze: ca. 500 ml Gemüsebrühe · 2 EL Tamari

- Karotten waschen und in dünne Scheiben schneiden. Ingwer schälen und fein hacken. Sie brauchen davon etwa 1 TL. Die Chilischote waschen und in feine Ringe schneiden.
- 2 EL **Olivenöl** erhitzen. Ingwer und Chilischoten kurz anbraten. Karottenscheiben hinzufügen und kurz unter ständigem Wenden mitbraten.
- Mit Gemüsebrühe auffüllen, bis die Karotten knapp bedeckt sind. Bei kleiner Hitze und geschlossenem Deckel etwa 10–15 Min. köcheln lassen, bis die Karotten weich sind.
- Die Suppe mit dem Pürierstab durchmixen und zurück in den Topf geben. Tamari, 1 EL **Ahornsirup** und die Sahne hinzufügen. Mit **Salz** und **Pfeffer** abschmecken und servieren.

Sauerkraut-Paprika-Suppe

Köstlich im Herbst und Winter

⏱ 25 Min.

▶ **Für 2 Personen**
Frisch: 300 g frisches Sauerkraut · 1 rote Paprikaschote · 1 große Kartoffel
Vorrat: 6 EL Sojasahne
Gewürze: ca. 600 ml Gemüsebrühe · ½ TL Kreuzkümmel · 1,5 TL Paprika edelsüß

- Das Sauerkraut etwas klein schneiden. Gemüsebrühe in einem Topf zum Kochen bringen, das Sauerkraut und den Kreuzkümmel hinzufügen und etwa 8–10 Min. bei mittlerer Hitze im geschlossenen Topf köcheln lassen.
- Die Paprikaschote waschen, entkernen und in Streifen schneiden. Die Kartoffel waschen, schälen und grob raspeln. Kartoffelraspeln, Paprikastreifen, 2 EL **Tomatenmark** und Paprika edelsüß zur Suppe geben und etwa 10 Min. bei mittlerer Hitze im geschlossenen Topf köcheln lassen. Ggf. mit etwas Gemüsebrühe zur gewünschten Konsistenz verlängern.
- Mit **Salz** und **Pfeffer** abschmecken, die Sahne untermengen und servieren.

Seitan mit Orange und Nudeln

Die Orange gibt einen herrlich süß-herben Akzent

🕑 **20 Min.**

▶ **Für 2 Personen**
Frisch: 1 kleine Orange · 1 rote Zwiebel · 1,5 cm Ingwer
Vorrat: 200 g Seitan · 250 g Reisnudeln oder Spaghettini
Gewürze: 3 EL Tamari · ¼ TL Cayennepfeffer

- Die Nudeln nach Packungsanleitung al dente garen und abseihen. Die Orange waschen und die Schale abreiben. Das Fruchtfleisch zu Saft pressen. Zwiebel schälen und in halbe Ringe schneiden.
- Den Ingwer schälen und fein reiben oder hacken. Den Seitan in mundgerechte Würfel schneiden.
- 2–3 Esslöffel **Bratöl** in Wok oder Pfanne erhitzen. Die Zwiebelringe zusammen mit dem Ingwer unter ständigem Wenden etwa 2 Min. anbraten. Den Seitan hinzufügen und unter ständigem Wenden etwa 2 Min. mitbraten.
- Mit Orangensaft und Tamari ablöschen, 2 Esslöffel **Ahornsirup**, die Orangenschale und den Cayennepfeffer hinzufügen und bei kleiner Hitze 5 Min. leise köcheln lassen. Nudeln untermischen und servieren.

Tipp

Mischen Sie vor dem Servieren 2 Esslöffel Erdnussmus crunchy unter das Gericht – schmeckt super!

Vegane Wiener Schnitzel

Seitan schmeckt hervorragend und hat Filet-Charakter

🕑 20 Min.

▶ **Für 2 Personen**
Frisch: 3 EL Speisestärke (Maisstärke oder KUZU) · 1 Tasse Dinkelbrösel · 3–4 EL Kokosöl
Vorrat: 200 g Seitan

- 3 Esslöffel Speisestärke mit 6 Esslöffeln kaltem Wasser in einem verschließbaren Glas kräftig aufschütteln, damit sich die Stärke auflöst. Anschließend in eine kleine Schüssel geben.
- Die Dinkelbrösel in einen Suppenteller geben und den Seitan in schnitzelgerechte Formen schneiden. Dann den Seitan zuerst im Speisestärke-Gemisch und anschließend in den Dinkelbröseln wenden. Die Dinkelbrösel am besten mit einem Esslöffel an den Seitan andrücken.
- Kokosöl in einer Pfanne erhitzen und die Schnitzel von beiden Seiten goldbraun anbraten. Mit wenig **Zitronensaft** beträufeln und mit einer **Zitronenscheibe** garniert servieren.

Couscous mit Zucchini und Seitan

Die Petersilie gibt eine feine Note

🕑 20 Min.

▶ **Für 2 Personen**
Frisch: 400 g Zucchini · 1 rote Zwiebel · 1 Bund glatte Petersilie
Vorrat: 1 Tasse Couscous · 200 g Seitan · 6 EL Sojasahne
Gewürze: 3 EL Tamari · 3 EL Reiswein · 2 EL Currypaste

- Couscous mit der doppelten Menge Wasser aufkochen und 10 Min. ausquellen lassen. Die Zucchini waschen, längs halbieren und in etwa ½ cm dicke Scheiben schneiden.
- Die Zwiebel schälen und in halbe Ringe schneiden. Petersilie fein hacken. Den Seitan in mundgerechte Streifen schneiden.
- Zuerst den Wok und dann 3 EL **Bratöl** darin erhitzen. Zwiebeln und Seitan unter ständigem Wenden etwa 5 Min. anbraten. Zucchini, Tamari, Reiswein und Currypaste hinzufügen und etwa 5 Min. weiterbraten.
- Sahne, Petersilie und Couscous untermengen, mit **Salz** und **Pfeffer** abschmecken und servieren.

Weißkohl mit Pfeffer-Senf-Sauce

Schmeckt alternativ auch mit Spitzkohl!

⊙ 20 Min.

▶ **Für 2 Personen**
Frisch: 1 kleiner Weißkohl oder Spitzkohl · 1 rote Chilischote · 1 TL Speisestärke
Vorrat: 250 g Spaghettini · 150 g Räuchertofu
Gewürze: 2 EL Tamari · 2 EL Reiswein

- Die Nudeln al dente garen.
- Den Weißkohl in feine Streifen schneiden (dabei den Strunk entfernen) und in einem Sieb gut waschen. Die Chilischote waschen und fein hacken. Den Tofu in feine Streifen schneiden.
- 3 Esslöffel **Bratöl** in Wok oder Pfanne erhitzen. Chilischote und Tofu unter ständigem Wenden etwa 3 Min. anbraten. Mit Tamari und Reiswein ablöschen, 1 Teelöffel **Senf**, 1 Esslöffel **Essig**, 1 Esslöffel **Ahornsirup** und Speisestärke unterrühren.
- Weißkohl hinzufügen und unter ständigem Wenden etwa 5 Min. mitbraten. Mit etwas **Salz** und frisch gemahlenem **Pfeffer** würzen. Nudeln untermengen und servieren.

Frische Pilze mit Reisnudeln

Enthält viel wertvolles Eiweiß

⊙ 20 Min.

▶ **Für 2 Personen**
Frisch: 250 g gemischte frische Pilze · 1 Bund Frühlingszwiebeln · 1 Knoblauchzehe
Vorrat: 250 g Reisnudeln · 200 g Räuchertofu · 6 EL Sojasahne
Gewürze: 3 EL Tamari · 3 EL Reiswein · 2 EL Currypaste

- Die Reisnudeln garen, abseihen und beiseite stellen. Die Pilze mit einem Pinsel säubern, nicht waschen!
- Frühlingszwiebeln waschen und in 1 cm breite Ringe schneiden. Knoblauch schälen und fein hacken. Räuchertofu in feine Würfel schneiden.
- Zuerst den Wok und dann 3 EL **Bratöl** darin erhitzen. Knoblauch und Räuchertofu 3 Min. unter ständigem Wenden anbraten. Pilze hinzufügen, kurz mitbraten und mit Reiswein und Tamari ablöschen. Currypaste hinzufügen und unter Rühren 3 Min. braten.
- Frühlingszwiebeln, Sahne und Reisnudeln untermengen. Mit **Salz** und **Pfeffer** würzen und servieren.

57

Hokkaido-Kürbis mit Datteln

Kürbis mit Datteln – eine gelungene Kombination

- Die Reisnudeln nach Packungsanleitung al dente kochen, abseihen und bis zum Gebrauch beiseite stellen.
- Den Kürbis waschen, halbieren und mit einem Esslöffel das Kerngehäuse entfernen. Mit der Schale (kann man beim Hokkaido mitessen!) in etwa 2 cm kleine Würfel schneiden.
- Die Datteln längs in feine Streifen schneiden. Den Räuchertofu zuerst in Scheiben, dann in Streifen und anschließend in Würfel schneiden.
- 4 Esslöffel **Olivenöl** in Pfanne oder Wok erhitzen und den Räuchertofu etwa 2 Min. unter ständigem Wenden anbraten. Den Kürbis hinzufügen und unter ständigem Wenden ca. 2 Min. mitbraten.
- Mit Tamari, Reiswein und Gemüsebrühe ablöschen. 2 Esslöffel **Tomatenmark** und die Datteln hinzufügen und etwa 10–15 Min. bei mittlerer Hitze köcheln lassen. Der Kürbis sollte noch bissfest sein.
- Die Petersilie waschen und fein hacken. Eine **Zitrone** waschen und etwa 1 gestrichenen Teelöffel Schale abreiben. Die Petersilie und Zitronenschale kurz vor Ende der Garzeit untermischen. Die Reisnudeln untermengen, mit **Salz** und **Pfeffer** abschmecken und servieren.

⏱ 25 Min.

▶ **Für 2 Personen**

Frisch: 1 kleiner Hokkaido-Kürbis · 12 getrocknete Datteln ohne Stein · 1 Bund Petersilie (oder Koriander)
Vorrat: 100 g Räuchertofu · 250 g Reisnudeln
Gewürze: 3 EL Tamari · 3 EL Reiswein · 200 ml Gemüsebrühe

Tipp

Statt Reisnudeln können Sie natürlich auch Couscous, Bulgur oder Spagettini verwenden.

59

Asia-Bulgur

Knackige Sprossen und feines Räucheraroma

 20 Min.

▶ **Für 2 Personen**
Frisch: 1 kleiner Chinakohl (400 g) · 175 g Mungobohnen aus dem Glas · 1 daumengroßes Stück Ingwer
Vorrat: 100 g Bulgur · 200 g Räuchertofu · 6 EL Sojasahne
Gewürze: 3 EL Tamari · 3 EL Reiswein · 2 EL Currypaste

- Den Bulgur nach Packungsanleitung mit Wasser und etwas **Salz** aufkochen und ausquellen lassen.
- Vom Chinakohl die äußeren Blätter entfernen und halbieren. Den Strunk herausschneiden, in Streifen schneiden und in einem Sieb waschen und abtropfen lassen.
- Die Mungobohnen abseihen und abtropfen lassen. Den Ingwer schälen und sehr fein hacken oder auf einer Ingwerreibe reiben. Den Räuchertofu in etwa ½ cm³ kleine Würfel schneiden.
- Zuerst den Wok und dann 3 EL **Bratöl** darin erhitzen. Den Ingwer und Tofu darin etwa 2–3 Min. unter ständigem Wenden anbraten. Mit Tamari und Reiswein ablöschen, die Currypaste und den **Ahornsirup** unterrühren. Den Chinakohl hinzufügen und unter Wenden anbraten, bis er leicht zusammenfällt.
- Die Mungobohnen untermengen und bei mäßiger Hitze erhitzen. Sahne hinzufügen und nicht mehr kochen. Mit **Salz** und **Pfeffer** abschmecken und mit 1 EL **Zitronensaft** aromatisieren.
- Den Bulgur in tiefe Teller geben und mit dem Gemüse servieren.

Anstelle von Zitronensaft können Sie zum Garnieren auch Orangenscheiben verwenden, die dem Gericht eine zarte Note verleihen.

Karotten mit Erdnussmus

Die nussige Note macht dieses Gericht zu etwas Besonderem

- Wasser mit etwas **Salz** und **Öl** zum Kochen bringen und die Reisnudeln nach Packungsanleitung etwa 4 Min. kochen. Abseihen und bis zum Gebrauch beiseite stellen.
- Den Knoblauch schälen und sehr fein hacken. Die Karotten waschen, trockentupfen und in dünne Scheiben schneiden. Den Tofu kurz abtropfen lassen und in kleine Würfel schneiden.
- Zuerst den Wok und dann 3 EL **Bratöl** darin erhitzen. Karotten etwa 2 Min. unter ständigem Wenden anbraten. Tofuwürfel und Knoblauch untermengen und unter Wenden kurz mit anbraten und mit Tamari ablöschen. Den Tofu so lange anbraten, bis er Farbe annimmt.
- Das Ganze mit Gemüsebrühe ablöschen, Kreuzkümmel und Erdnussmus untermengen. Das Erdnussmus gut auflösen. Die Reisnudeln untermengen und das Gericht mit **Salz** und **Pfeffer** abschmecken und mit 1 Esslöffel **Zitronensaft** aromatisieren.

⊙ 25 Min.

▶ **Für 2 Personen**

Frisch: 1–2 Knoblauchzehen · 300 g Karotten · 2 EL Erdnussmus crunchy gesalzen (Fa. Rapunzel)
Vorrat: 250 g Reisnudeln · 200 g Tofu natur
Gewürze: ½ TL gemahlener Kreuzkümmel · 2 EL Tamari · ca. 100 ml Gemüsebrühe

Buschbohnen mit Räuchertofu

Ein schnelles Gericht mit asiatischem Akzent

 **25 Min.**

▶ **Für 2 Personen**

Frisch: 1 Zwiebel · 300 g Buschbohnen · 1 kleines Stück Ingwer
Vorrat: 200 g Reisnudeln · 150 g Räuchertofu
Gewürze: 3 EL Tamari · 2 EL Reiswein · 2 EL Currypaste

- Die Reisnudeln mit etwas **Salz** und **Öl** nach Packungsanleitung al dente kochen, was etwa 4 Min. dauert. Abseihen und bis zum Gebrauch beiseite stellen.
- Die Zwiebel schälen und in halbe Ringe schneiden. Die Bohnen waschen und in mundgerechte Stücke schneiden. Die Enden dabei abschneiden und entsorgen.
- Den Ingwer schälen und fein hacken. Sie brauchen davon etwa 1 Teelöffel. Den Räuchertofu in kleine Würfel schneiden.
- 2–3 Esslöffel **Bratöl** im Wok erhitzen und die Zwiebel, den Ingwer und den Räuchertofu unter ständigem Wenden etwa 4 Min. anbraten. Mit Tamari und Reiswein ablöschen.
- Die Currypaste und die Bohnen hinzufügen und unter gelegentlichem Wenden etwa 7 Min. bei reduzierter Temperatur anbraten, bis die Bohnen bissfest sind. Mit etwas **Salz** und **Pfeffer** abschmecken. Die Reisnudeln untermischen, bei Bedarf nochmal kurz erhitzen und servieren.

Karotten mit Bambussprossen

Die vegane Variante des Asia-Klassikers

🕐 **20 Min.**

▶ **Für 2 Personen**

Frisch: 1 rote Zwiebel · 300 g Karotten · 1 Glas Bambussprossen
Vorrat: 1 Tasse Bulgur (etwa 120 g) · 200 g Räuchertofu · 200 ml Kokosmilch
Gewürze: 3 EL Tamari · 1 TL Curry · 2 Msp. Cayennepfeffer

- Den Bulgur nach Packungsanleitung garen. Die Zwiebel schälen und in halbe Ringe schneiden. Die Karotten waschen und in dünne Scheiben schneiden. Die Bambussprossen abtropfen lassen.
- Den Räuchertofu zuerst in dünne Scheiben, dann in Streifen und anschließend in Würfel schneiden.
- Zuerst den Wok und dann 3 Esslöffel **Bratöl** darin erhitzen. Zwiebel und Tofu unter Wenden etwa 3 Min. scharf anbraten. Die Hitze etwas reduzieren, Karotten und Bambussprossen hinzufügen, kurz anbraten und mit Tamari ablöschen.
- Kokosmilch, Curry und Cayennepfeffer hinzufügen und bei schwacher Hitze 5 Min. köcheln lassen. Mit **Salz** und **Pfeffer** abschmecken, 3 Esslöffel **Zitronensaft** hinzufügen, den gegarten Bulgur untermengen und servieren.

Bratkartoffeln mit Sonnenblumenkernen

Knusprig und lecker!

🕑 25 Min.

▶ **Für 2 Personen**
Frisch: 650 g Bio-Kartoffeln ·
4 EL Sonnenblumenkerne
Gewürze: 2 TL Thymian · 1 TL Paprika edelsüß

- Die Kartoffeln unter fließendem Wasser mit der Gemüsebürste sauber bürsten und anschließend mit der Schale in sehr kleine Würfel schneiden.
- 50 ml **Olivenöl** in einer beschichteten Pfanne erhitzen und die Kartoffelwürfel darin etwa 15 Min. unter gelegentlichem Wenden anbraten. Die beschichtete Pfanne ist wichtig, damit die Kartoffeln nicht anbrennen.
- In einer zweiten Pfanne die Sonnenblumenkerne ohne Fett anrösten, bis sie zu duften beginnen und eine leichte Bräunung haben. Zusammen mit dem Thymian und Paprika edelsüß unter die Kartoffeln mischen.
- Mit **Salz** und schwarzem **Pfeffer** aus der Mühle abschmecken und z.B. mit einem grünen Salat servieren.

Sauerkraut-Spätzle

Das schwäbische Nationalgericht darf nicht fehlen

🕑 25 Min.

▶ **Für 2 Personen**
Frisch: 250 g vegane Spätzle aus dem Kühlregal (z.B. Schwäb. Bauernspätzle aus Hartweizengries von Spielberger Mühle) · 1 große Zwiebel · 400 g frisches Sauerkraut
Vorrat: 100 g Räuchertofu
Gewürze: ca. 50 ml Gemüsebrühe

- Die Spätzle nach Packungsanleitung in kochendem Wasser etwa 8–10 Min. kochen und abseihen. Bis zum Gebrauch beiseite stellen.
- Die Zwiebel schälen, halbieren und in Ringe schneiden. Das Sauerkraut ggf. etwas feiner schneiden. Den Räuchertofu in kleine Würfel schneiden.
- In einer hohen Pfanne 3 Esslöffel **Olivenöl** erhitzen und die Zwiebelringe mit dem Räuchertofu anbraten. Das Sauerkraut und etwas Gemüsebrühe hinzufügen und unter ständigem Wenden anbraten, bis das Kraut heiß ist. Die Spätzle untermengen, noch einmal erhitzen und mit **Salz** und **Pfeffer** abschmecken.

65

Thai-Karotten mit Kapern

Im Mittelmeerraum gehören Kapern zum Küchenalltag

🕑 20 Min.

▶ Für 2 Personen
Frisch: 5 große Karotten · 1 große rote Zwiebel · 1 kleines Glas Kapern (ca. 120 g)
Vorrat: 1 Tasse Bulgur (ca. 120 g)
Gewürze: 3 EL Tamari · 3 EL Reiswein · 3 TL vegane Currypaste

- Den Bulgur nach Packungsanleitung garen. Die Karotten waschen und in feine Scheiben schneiden, die Zwiebel schälen und in halbe Ringe schneiden. Kapern in einem Sieb abseihen.
- Zuerst den Wok und dann 3 Esslöffel **Bratöl** darin erhitzen. Die Zwiebelringe hineingeben und unter ständigem Wenden etwa 2 Min. anbraten. Die Karottenscheiben hinzufügen und unter gelegentlichem Wenden bei mittlerer Hitze etwa 5 Min. anbraten.
- Tamari, Reiswein, Currypaste und Kapern untermengen und weitere 5 Min. köcheln lassen. Mit **Salz** und **Pfeffer** abschmecken, den Bulgur untermengen und servieren.

Kartoffel-Rösti

Dazu passt hervorragend der Joghurt-Kräuter-Dip auf Seite 26

🕑 25 Min.

▶ Für 2 Personen
Frisch: 700 g festkochende Bio-Kartoffeln · 1 Bund Frühlingszwiebeln (ersatzweise Petersilie) · 1,5 EL Kartoffelmehl (oder Speisestärke)

- Die Kartoffeln gut waschen und mit der Rohkostreibe raffeln. Die Frühlingszwiebeln waschen und schräg in etwa 1 cm breite Ringe schneiden (bei Verwendung von Petersilie anstelle von Frühlingszwiebeln diese waschen und fein hacken).
- Die geraffelten Kartoffeln mit einem Küchenkrepp etwas ausdrücken, damit die Flüssigkeit aufgesogen wird. Kartoffeln, Frühlingszwiebeln und Kartoffelmehl in einer Schüssel mischen und mit **Salz** und **Pfeffer** kräftig würzen.
- **Bratöl** in einer Pfanne erhitzen. Pro Pfanne 4 Kartoffelrösti mit einem Esslöffel formen und diese knusprig braun herausbacken.

Gemüse-Ananas-Wok

Die Ananas gibt dem Gericht eine exotische Note

🕙 **20 Min.**

▶ **Für 2 Personen**
Frisch: 2 kleine Kohlrabi ·
1 rote Paprikaschote · 3
Scheiben frische Ananas
Vorrat: 200 g Reisnu-
deln · 150 ml Sojasahne
Gewürze: 3 EL Tamari ·
3 EL Reiswein · 1 Msp.
Kreuzkümmel

▪ Reisnudeln in Salzwasser mit einem Schuss **Öl** nach Packungsanleitung etwa 4 Min. al dente kochen. Abseihen
und bis zum Gebrauch beiseite stellen.

▪ Den Kohlrabi schälen und in kleine Stücke oder Streifen
schneiden. Die Paprikaschote waschen, das Kerngehäuse
entfernen und in Streifen schneiden. Die Ananas in etwa
2 cm^3 kleine Würfel schneiden.

▪ 2 EL **Bratöl** in Wok oder Pfanne erhitzen und den Kohlrabi darin etwa 2 Min. unter ständigem Wenden anbraten. Paprikastreifen und Ananas hinzufügen und kurz
mitbraten.

▪ Mit Tamari, Reiswein und Sahne ablöschen und zugedeckt etwa 5 Min. leise köcheln lassen, bis das Gemüse
gar ist.

▪ Den Kreuzkümmel und einen halben Teelöffel abgeriebene Bio-**Zitronenschale** hinzufügen und mit **Salz** und
Pfeffer abschmecken. Die Reisnudeln untermengen und
servieren.

Tipp

**Dieses Gericht schmeckt anstelle von Reisnudeln auch
mit Couscous oder Bulgur sehr lecker.**

Paprika-Risotto

Bitte benutzen Sie hier speziellen
Risotto-Reis

🕑 25 Min.

▶ **Für 2 Personen**
Frisch: 2–3 Paprikaschoten · 150 g
Risotto-Reis · 1 Knoblauchzehe
Gewürze: 750 ml Gemüsebrühe · ½ TL
Thymian · ½ TL Oregano

— Die Gemüsebrühe aufkochen. Die Paprika waschen, entkernen und in kleine Würfel schneiden. Den Knoblauch schälen und sehr fein hacken.

— 4 EL **Olivenöl** in einer hohen Pfanne erhitzen und den Knoblauch darin kurz anbraten. Den Risotto-Reis hinzufügen und unter Rühren kurz anschwitzen. 1 Schöpfkelle Gemüsebrühe angießen und unter ständigem Rühren einköcheln lassen. Diesen Vorgang für 15–20 Min. wiederholen, bis der Reis al dente ist.

— Kurz bevor die Gemüsebrühe aufgebraucht ist, die Paprikawürfel und ½ Teelöffel abgeriebene **Zitronenschale** hinzufügen. Mit **Salz** und **Pfeffer** abschmecken und mit Thymian und Oregano würzen.

Kohlrabi-Schnitzel

Auf die gleiche Art können Sie auch
Sellerieschnitzel zubereiten

🕑 20 Min.

▶ **Für 2 Personen**
Frisch: 2 Kohlrabi · 6 EL Mehl · 1 Tasse
Semmelbrösel
Gewürze: ¼ TL Paprika edelsüß

— Den Kohlrabi schälen und in etwa 3–5 mm dünne Scheiben schneiden.

— Aus Mehl, Paprika edelsüß, **Pfeffer**, **Salz** und ½ Teelöffel **Senf** eine zähflüssige Masse anrühren. Die Kohlrabi-Scheiben damit auf beiden Seiten bestreichen und in den Semmelbröseln wenden.

— **Bratöl** in einer Pfanne erhitzen und die Kohlrabi-Schnitzel darin von beiden Seiten goldbraun anbraten.

 Tipp

Dazu passen ein Salat oder bei größerem Hunger Kartoffel-Wedges (gibt's im Kühlregal).

Gnocchi mit Fenchel und Tomaten

Der Joghurt gibt eine angenehme Säure

🕑 20 Min.

▶ **Für 2 Personen**
Frisch: 1 großer Fenchel · 4 Tomaten ·
1 Packung vegane Gnocchi (ca. 350 g)
Vorrat: 5 EL Sojajoghurt
Gewürze: 3 EL Tamari · 2 TL Oregano ·
2 Msp. Cayennepfeffer

- Den Fenchel waschen und in sehr feine Streifen schneiden. Die Tomaten waschen und würfeln.
- 5 EL **Olivenöl** in einer Pfanne erhitzen und den Fenchel darin etwa 3 Min. anbraten. Mit Tamari ablöschen und die Tomatenwürfel untermengen. 2 Min. unter Wenden braten. Mit Oregano, Cayennepfeffer, **Salz** und **Pfeffer** würzen.
- Die Gnocchi untermengen und unter Wenden 4 Min. mitbraten. Den Joghurt untermischen und servieren.

Tipp

Die klassischen Kartoffel-Gnocchi, z. B. von Pasta Nuova, sind auf jeden Fall vegan.

Gnocchi mit Paprika und Frühlingszwiebeln

Schön cremig und mit leichtem Biss

🕑 20 Min.

▶ **Für 2 Personen**
Frisch: 2 Paprikaschoten · 1 Bund
Frühlingszwiebeln · 1 Packung vegane
Gnocchi (350 g) aus dem Kühlregal
Vorrat: 5 EL Sojajoghurt
Gewürze: 2 EL Tamari · ½ TL Oregano ·
½ TL Thymian

- Die Paprikaschoten waschen, entkernen und in Streifen schneiden. Die Frühlingszwiebeln waschen und schräg in ca. 1 cm breite Ringe schneiden.
- 3 EL **Olivenöl** in einer Pfanne erhitzen und die Gnocchi darin etwa 2 Min. anbraten. Die Paprikastreifen hinzufügen und etwa 2–3 Min. weiterbraten.
- Mit Tamari ablöschen und die Frühlingszwiebel, den Oregano und den Thymian hinzufügen. Kurz weiterbraten und dann den Joghurt und 2 Esslöffel **Essig** unterrühren. Mit **Salz** und **Pfeffer** abschmecken.

Gnocchi mit Fenchel und Tomaten ▶

Rigatoni mit Cocktail-Tomaten und Kapern

Das schmeckt nach Urlaub!

🕑 20 Min.

▶ **Für 2 Personen**
Frisch: 1 Knoblauchzehe · 1 kleines Glas Kapern (etwa 120 g) · 25 Cocktail-Tomaten
Vorrat: 250 g Rigatoni · 6 EL Sojasahne
Gewürze: 2 Msp. Cayennepfeffer

- Die Rigatoni al dente kochen, abseihen und beiseite stellen.
- Den Knoblauch schälen und fein hacken. Die Kapern abseihen und abtropfen lassen. Die Cocktail-Tomaten waschen und halbieren.
- In einem Topf 6 Esslöffel **Olivenöl** erhitzen, den Knoblauch hineingeben und leicht anbraten. Den Topf immer wieder von der Kochstelle nehmen und schwenken, damit der Knoblauch nicht anbrennt. Kapern, Cayennepfeffer und Tomaten untermischen und kurz unter Wenden mitbraten.
- Rigatoni und Sahne untermischen, mit **Salz** und **Pfeffer** abschmecken und servieren. Wer es gerne schärfer mag, kann noch einmal mit Cayennepfeffer nachwürzen.

Tagliatelle mit Limetten und Physalis

Raffiniert und sehr exotisch

🕑 25 Min.

▶ **Für 2 Personen**
Frisch: 2 Limetten · 200 g Physalis · 2 cm frischer Ingwer
Vorrat: 250 g Tagliatelle (Bandnudeln) · 125 g Sojasahne

- Die Tagliatelle al dente kochen. Abseihen und beiseite stellen.
- Die Limetten heiß waschen, die Schale abreiben und den Saft auspressen. Die Physalis aus den Hülsen lösen, waschen und halbieren. Den Ingwer schälen und sehr fein hacken. Sie brauchen davon 1 gehäuften Teelöffel.
- Zuerst den Wok und dann 2 Esslöffel **Bratöl** darin erhitzen. Ingwer kurz anbraten, mit Limettensaft ablöschen. 2 Esslöffel **Ahornsirup** und die Sahne hinzufügen und schwach köcheln lassen.
- Die Nudeln, Physalis und die Hälfte der Limettenschale hinzufügen und unter Wenden leicht erhitzen. Mit **Pfeffer** und **Salz** abschmecken und mit der restlichen Limettenschale bestreut servieren.

Rigatoni mit Zucchini, Tomaten und Tofu

An Sommertagen ein angenehm sattmachendes Gericht

🕐 **20 Min.**

▶ **2 Personen**

Frisch: 1 Zwiebel · 1 mittelgroße Zucchini · 4 Tomaten

Vorrat: 200 g Rigatoni · 200 g Tofu natur

Gewürze: 2 EL Tamari · 3 TL getrockneter Oregano · 2 Msp. Cayennepfeffer

- Salzwasser zum Kochen bringen und die Rigatoni nach Packungsanleitung al dente kochen. Abseihen und bis zum Gebrauch beiseite stellen.
- Die Zwiebel schälen, halbieren und in halbe Ringe schneiden. Die Zucchini waschen, längs halbieren und in etwa ½ cm dicke Scheiben schneiden. Tomaten waschen und in Würfel schneiden. Den Tofu kurz abtropfen lassen und in etwa 1 cm³ kleine Würfel schneiden.
- 3 EL **Olivenöl** erhitzen und Zwiebel und Tofu unter gelegentlichem Wenden darin anbraten. Nach etwa 3 Min. die Tamari hinzufügen und unter Wenden weiterbraten, bis der Tofu Farbe angenommen hat.
- Die Zucchinischeiben hinzufügen und so lange unter Wenden mitbraten, bis sie noch etwas Biss haben. Die Tomatenwürfel untermengen und alles mit Oregano, Cayennepfeffer, **Pfeffer** und wenig **Salz** würzen. Die Rigatoni unter das Gemüse mischen, alles nochmal erhitzen und servieren.

Tipp

Das Foto zu diesem Rezept können Sie im Inhaltsverzeichnis (S. 4/5) sehen.

Spaghetti mit Salbei

Die Peperoni bringt Schärfe ins Spiel

- Salzwasser zum Kochen bringen und die Spaghetti nach Packungsanleitung al dente kochen. Abseihen und bis zum Gebrauch beiseite stellen. Bitte eine halbe Tasse vom Nudelwasser aufheben.
- Den Knoblauch schälen und fein hacken. Die Peperoni waschen und in feine Ringe schneiden. Den Salbei waschen, mit Küchenkrepp trockentupfen und grob klein schneiden.
- 8 EL **Olivenöl** in einem hohen Topf erhitzen. Knoblauch und Peperoni vorsichtig darin anbraten, damit der Knoblauch nicht anbrennt. Immer wieder den Topf vom Herd nehmen und schwenken.
- Den Salbei untermengen und mitschwenken. Weiterhin immer wieder den Topf vom Herd nehmen, damit nichts anbrennt.
- Die Spaghetti untermengen, kräftig mit **Salz** und **Pfeffer** würzen und eventuell etwas Nudelwasser hinzufügen, um die Spaghetti geschmeidig zu machen. Servieren und auf Wunsch mit Cayennepfeffer nachschärfen.

15 Min.

▶ Für 2 Personen

Frisch: 1 Knoblauchzehe ·
1 scharfe Peperoni · etwa
20 frische Salbeiblätter
Vorrat: 250 g Spaghetti
Gewürze: eventuell
Cayennepfeffer zum
Nachwürzen

Bandnudeln mit frischen Pilzen

Mischen Sie die Pilze nach Belieben

⏱ 25 Min.

▶ **Für 2 Personen**
Frisch: 300 g gemischte frische Pilze ·
1 Zwiebel · 1 Bund Petersilie
Vorrat: 250 g Bandnudeln · 6 EL Sojasahne
Gewürze: 2 TL Paprika edelsüß ·
200 ml Gemüsebrühe

- Die Bandnudeln al dente kochen und
bis zum Servieren warm halten. Die
Pilze mit einem Pinsel reinigen und in
grobe Stücke schneiden. Zwiebel und
Petersilie schälen bzw. waschen und
fein hacken.
- 2 Esslöffel **Olivenöl** in einer Pfanne erhitzen und die Zwiebel unter Wenden
etwa 2 Min. anbraten. Die Pilze hinzufügen und unter Wenden weitere
2 Min. anbraten. Mit Paprika edelsüß
bestäuben und mit Gemüsebrühe ablöschen. Bei kleiner Hitze etwas ein-
kochen lassen.
- Sauce mit **Salz** und **Pfeffer** abschmecken und mit 1 Esslöffel **Zitronensaft**
aromatisieren. Die Sahne und die
Petersilie unterrühren und mit den
Bandnudeln servieren.

Glasierte Pastinaken-Stäbchen

Dazu ein veganes Bratstück – lecker!

⏱ 20 Min.

▶ **Für 2 Personen**
Frisch: 2 Pastinaken (ca. 250 g) ·
100 ml Weißwein (ersatzweise Apfel-
saft)

- Die Pastinaken gut waschen oder
schälen und in dicke, ca. 7 cm lange
Stäbchen schneiden.
- 3 Esslöffel **Bratöl** in einer Pfanne erhitzen und die Pastinaken-Stäbchen
darin rundum für gut 5 Min. anbraten.
- 3 Esslöffel **Ahornsirup** hinzufügen, karamellisieren lassen und gelegentlich
wenden.
- Mit Weißwein ablöschen und bei
mäßiger Hitze unter gelegentlichem
Wenden ca. 5–8 Min. weiter köcheln,
bis die Pastinaken gar sind und der
Weißwein verkocht ist.

Tipp

**Diese Art der Zubereitung klappt
auch super mit anderem Gemüse, zum Beispiel mit Karotten oder
Kohlrabi.**

Glasierte Pastinaken-Stäbchen ▶

Spaghettini mit Thai-Bohnen

Italien meets Thailand

 25 Min.

▶ **Für 2 Personen**
Frisch: 1–2 Knoblauchzehen · 300 g Buschboh-
nen · 300 g Tomaten
Vorrat: 250 g Spaghettini · 100 ml Kokosmilch
Gewürze: 2 EL Tamari ·
1 EL Currypaste · 1 Msp.
Cayennepfeffer

■ Die Spaghettini in Salzwasser al dente garen und abseihen. Den Knoblauch schälen und fein hacken. Die Bohnen waschen, von den Enden befreien und in mundgerechte Stücke schneiden. Die Tomaten waschen und in
Würfel schneiden.

■ 2–3 EL **Bratöl** in der Pfanne oder im Wok erhitzen und
den Knoblauch kurz unter Wenden anbraten. Bohnen
hinzufügen und unter ständigem Wenden 2 Min. anbraten. Hitze etwas reduzieren und die Tomatenwürfel
untermengen und kurz mitbraten.

■ Mit Tamari ablöschen, Kokosmilch, Currypaste, 1 Teelöffel **Ahornsirup** und Cayennepfeffer hinzufügen und bei
kleiner Hitze 5 Min. köcheln lassen, bis die Bohnen gar
sind.

■ Mit etwas **Salz** und schwarzem **Pfeffer** abschmecken.
Die Spaghettini untermengen, nochmals kurz erhitzen
und in tiefen Tellern servieren.

Tipp

Anstelle von Spaghettini schmecken die Thai-Bohnen
auch mit Reisnudeln, Bulgur oder Couscous.

Wirsing mit Bandnudeln

Wirsing gibt es nicht nur im Winter, sondern ab Mai auch
als Sommer-Wirsing!

- Für den Wirsing ¾ Liter Wasser mit 1 TL **Salz** zum Kochen bringen.
- Die Bandnudeln nach Packungsanleitung etwa 6 Min. al
dente garen und bis zum Gebrauch beiseite stellen. Den
Wirsing in feine Streifen schneiden, den Strunk entfernen, und in einem Sieb unter fließendem Wasser waschen.
- Eine Bio-**Zitrone** waschen und die Schale abreiben. Sie
brauchen davon einen gestrichenen Teelöffel. Die Zwiebel schälen und fein hacken. Den Wirsing in kochendem
Salzwasser 2 Min. blanchieren, abseihen und gut abtropfen lassen.
- In Pfanne oder Wok 2 Esslöffel **Bratöl** erhitzen, die Zwiebel darin unter Wenden etwa 2 Min. anbraten. Wirsing-
streifen, **Zitronenschale**, Sojajoghurt und Sahne untermischen und erhitzen (nicht kochen). Mit **Salz**, **Pfeffer**
und Muskat abschmecken. Die Bandnudeln untermischen und servieren.

Tipp

**Bitte verwenden Sie Muskat stets behutsam und spar-
sam. Mit Muskat kann man einem Gericht einen sehr
feinen Akzent verleihen, es aber andererseits auch
schnell verderben, wenn man zu viel davon erwischt.**

🕑 25 Min.

▶ **Für 2 Personen**
Frisch: 1 kleiner Wirsing
(etwa 400 g) · 1 rote
Zwiebel · 1 Msp. Muskat
Vorrat: 250 g Bandnu-
deln · 3 EL Sojajoghurt ·
4 EL Sojasahne

Tortillas mit Paprika und Mais

Das mögen auch Kinder gern

- Die Zwiebel schälen und in halbe Ringe schneiden. Die Paprikaschoten waschen, entkernen und in Streifen schneiden. Den Tofu kurz abtropfen lassen und in kleine Würfel schneiden.
- 1 Esslöffel **Bratöl** in einer Pfanne erhitzen und die Tortillas nacheinander ausbacken. Gegebenenfalls im Backofen bei 80 Grad warm halten.
- Parallel in einer zweiten Pfanne 2 Esslöffel **Olivenöl** erhitzen und die Zwiebel und die Tofuwürfel darin unter ständigem Wenden etwa 2 Min. anbraten. Mit 2 Esslöffeln Tamari ablöschen und bei mittlerer Hitze unter Wenden etwa 5 Min. weiterbraten, bis der Tofu Farbe angenommen hat.
- Paprikastreifen und Mais untermengen und unter gelegentlichem Wenden etwa 3 Min. anbraten. Mit **Salz**, **Pfeffer**, Cayennepfeffer und Oregano abschmecken. Die Sahne untermischen und nicht mehr kochen lassen.
- Die Tortillas mit je 1 Teelöffel Tamari bestreichen, das Gemüse gleichmäßig darauf verteilen, von beiden Seiten einklappen oder aufrollen und servieren.

⌄ 20 Min.

▶ **Für 2 Personen**
Frisch: 1 rote Zwiebel ·
2 Paprikaschoten ·
1 kleines Glas Mais
Vorrat: 200 g Räuchertofu · 4 Tortillas ·
6 EL Sojasahne
Gewürze: 4 EL Tamari ·
1 Msp. Cayennepfeffer ·
2 TL Oregano

Gebackene Bananen

Eine süße Verführung

🕐 **15 Min.**

▶ **Für 2 Personen**
Frisch: 1 kleine Orange · 2 Bananen · Zimt
Vorrat: 150 g aufschlagbare kalte Sojasahne
(z. B. Fa. Soyatoo)

- Die Sojasahne mit dem Handrührgerät steif schlagen und wieder kalt stellen. Die Orange zu Saft pressen. Die Bananen schälen und jeweils längs halbieren.
- In einer Pfanne 3 Esslöffel **Ahornsirup** erwärmen. 4 Esslöffel **Zitronensaft** und den Orangensaft unterrühren, bis die Masse etwas zähflüssig wird.
- Die Bananenhälften etwa 3 Min. ringsum in der Masse anbraten. Anschließend auf einem Dessertteller anrichten. Die Sahne in einen Spritzbeutel geben und die Bananen damit verzieren. Mit einem Hauch Zimt bestreuen und servieren.

Dattel-Marzipan-Pralinen

Gelingt leicht und macht viel her

🕐 15 Min.

▶ **Für 9 Stück**
Frisch: 75 g Pistazien (geschält und gemahlen) · 100 g Marzipanrohmasse · 9 getrocknete Datteln ohne Stein

- Die gemahlenen Pistazien mit dem Marzipan zu einer glatten Masse verkneten. Diese Masse in 9 gleich große Portionen schneiden, diese jeweils zu einer Kugel formen und anschließend flach drücken.
- Mit je einer Dattel belegen und zu einer Rolle formen, sodass die Dattel vollständig von der Schicht umhüllt ist.

Tipp

Mit etwas Puderzucker bestäubt sehen die Pralinen noch schöner aus und eignen sich nett verpackt auch prima als Mitbringsel.

Mousse au Chocolat

Sehr lecker und schnell zubereitet

🕐 15 Min.

▶ **Für 2 Personen**
Frisch: 250 g Seidentofu · 1 Tafel Zartbitterschokolade (100 g) · 1 EL Vanillezucker

- Den Seidentofu im Mixer pürieren. Zartbitterschokolade zerbröckeln und im Wasserbad schmelzen.
- Vanillezucker und Schokolade zum Seidentofu in den Mixer geben und gut durchmixen.
- Das fertige Mousse in zwei Schalen füllen und noch etwas in den Kühlschrank stellen.

Erdnuss-Orangen-Tortillas

Ein raffinierter Nachtisch, wenn es mal schnell gehen soll

⌄ 5 Min.

▶ **Für 2 Personen**
Frisch: ca. 3 EL Erdnussmus crunchy (Fa. Rapunzel) · ca. 3 EL Orangenmarmelade
Vorrat: 2 Tortillas

- 1 Esslöffel **Bratöl** in einer Pfanne erhitzen und die Tortillas von beiden Seiten goldbraun anbraten.
- Jede Tortilla zu einer Hälfte mit Erdnussmus und zur anderen Hälfte mit Orangenmarmelade bestreichen (das geht am schnellsten mit der Rückseite eines Esslöffels). Aufrollen und servieren.

Vanillepudding

Der Klassiker funktioniert auch vegan

⌄ 10 Min.

▶ **Für 2 Personen**
Frisch: 500 ml Sojamilch Vanille ·
4 gestrichene EL Maisstärke ·
2 EL Rohrzucker

- Mit einem Schneebesen die Hälfte der Sojamilch mit der Maisstärke verrühren. Die restliche Milch mit dem Zucker zum Kochen bringen.
- Den Topf vom Herd nehmen und die angerührte Stärke mit einem Schneebesen unterrühren. Unter ständigem Rühren wieder zum Kochen bringen, bis die Masse eine feste Konsistenz hat.
- In kalt ausgespülte Schälchen geben und etwas abkühlen lassen. Den Pudding kann man pur oder mit frischen Früchten genießen.

Schokopudding

Schneller geht die Zubereitung auch mit
Fertigpulver nicht!

⏱ 10 Min.

▶ Für 2 Personen

Frisch: 1 gehäufter EL Kakao · 4 gestrichene EL Maisstärke · 500 ml Sojamilch
plus Kalzium (Provamel)

- Kakao und Maisstärke (bitte nicht mit
  Maismehl oder Maisgries verwechseln) mit der Hälfte der Milch mit einem Schneebesen glatt rühren.
- Die restliche Sojamilch mit 2–3 Esslöffeln **Ahornsirup** und einer Prise **Salz**
  zum Kochen bringen. Anschließend
  von der Kochstelle nehmen und die
  Kakaomasse mit dem Schneebesen
  unterrühren.
- Nochmals unter Rühren aufkochen,
  bis die Masse fest wird. In kalt ausgespülte Schälchen geben und etwas
  abkühlen lassen.

Tortillas mit Birne und Zedern-Nüssen

Tortillas müssen nicht immer herzhaft
gefüllt sein

⏱ 15 Min.

▶ Für 2 Personen

Frisch: 2 kleine reife Birnen · 2 EL Korinthen (oder Rosinen) · 2 EL Zedern-Nüsse
Vorrat: 2 Tortillas · 4 EL Sojajoghurt

- Die Birnen waschen, halbieren, das
  Kerngehäuse entfernen und in kleine
  Würfel schneiden. Etwas **Bratöl** in
  einer Pfanne erhitzen und beide Tortillas nacheinander von beiden Seiten
  goldbraun anbraten.
- In einer zweiten Pfanne etwas **Bratöl**
  erhitzen und die Birnen, Korinthen
  und Zedern-Nüsse darin unter ständigem Wenden anbraten. 1 Esslöffel
  Ahornsirup und Sojajoghurt hinzufügen.
- Die Birnenmasse auf 2 Tortillas gleichmäßig verteilen und zusammenrollen.

◀ Tortillas mit Birne und Zedern-Nüssen

Flambierte Ananas

Dazu passt cremiges Soja-Eis oder Sorbet

Kokoscreme

Da kommt Südsee-Feeling auf

⊙ 20 Min.

⊙ 10 Min.

▶ **Für 2 Personen**
Frisch: 4 Scheiben frische Ananas · 3 cl Stroh Rum 80 % · 3 cl Grand Marnier

▶ **Für 2 Personen**
Frisch: 2 gehäufte EL Kokosflocken
Vorrat: 6 EL Kokosmilch · 200 g Tofu natur

- Ananas in mundgerechte Stücke schneiden. 4 Esslöffel **Bratöl** in einer Pfanne erhitzen. 4–5 Esslöffel **Ahorn-sirup** beigeben und unter Rühren kurz erhitzen und karamellisieren lassen.
- Die Ananasstücke hinzufügen und bei starker Hitze von allen Seiten unter Wenden anbraten. Grand Manier und Strohrum dazugeben.
- Die Pfanne etwas schräg halten und den Alkohol mit einem Streichholz vorsichtig in Flammen setzen. Die flambierte Ananas in Dessertschalen anrichten und servieren.

- Die Kokosflocken in ein hohes Gefäß geben. Kokosmilch dazugeben und die Flocken durch Umrühren weitgehend auflösen.
- Den Tofu mit einer Gabel zerdrücken und zu der Kokosmasse geben. 3 Ess-löffel **Ahornsirup** hinzufügen und im Mixer oder mit einem Zauberstab gut pürieren.
- In 2 Dessertschalen füllen und ser-vieren. Dazu passen als Farbtupfer ein paar Beeren oder frische Minze-blätter.

Tipp

Damit das Flambieren klappt, Rum mit einem Alkoholgehalt von 80 % verwenden. Das Dessert schmeckt auch super, wenn Sie anstelle von Ananas Bananen verwenden.

Flambierte Ananas ▶

Register

**Bibliografische Information
der Deutschen Nationalbibliothek**
Die Deutsche Nationalbibliothek verzeichnet diese Publikation in der Deutschen Nationalbibliografie; detaillierte bibliografische Daten sind im Internet über http://dnb.d-nb.de abrufbar.

Programmplanung: Uta Spieldiener

Redaktion und Bildredaktion: Kerstin Mendler

Umschlaggestaltung und Layout:
CYCLUS Visuelle Kommunikation, Stuttgart

Bildnachweis:
Umschlagmotiv: Meike Bergmann, Berlin und
Dominique Loenicker, Stuttgart
Innenteil: Meike Bergmann, Berlin

© 2013 TRIAS Verlag in
MVS Medizinverlage Stuttgart GmbH & Co. KG
Oswald-Hesse-Straße 50, 70469 Stuttgart

Printed in Germany

Satz und Repro: Fotosatz H. Buck, Kumhausen
gesetzt in: InDesign CS5
Druck: AZ Druck und Datentechnik GmbH, Kempten

Gedruckt auf chlorfrei gebleichtem Papier

ISBN 978-3-8304-6837-0   3 4 5 6

Auch erhältlich als E-Book:
eISBN (PDF) 978-3-8304-6838-7
eISBN (ePub) 978-3-8304-6839-4

Besuchen Sie uns auf facebook!
**www.facebook.com/
gesundeernaehrungtrias**

SERVICE

Liebe Leserin, lieber Leser,

hat Ihnen dieses Buch weitergeholfen? Für Anregungen, Kritik, aber auch für Lob sind wir offen. So können wir in Zukunft noch besser auf Ihre Wünsche eingehen. Schreiben Sie uns, denn Ihre Meinung zählt!

Ihr TRIAS Verlag
E-Mail Leserservice: heike.schmid@medizinverlage.de
Lektorat TRIAS Verlag, Postfach 30 05 04, 70445 Stuttgart, Fax: 0711 89 31-748

Basenfasten
Die Wacker-Methode®

»Seit wir einen Brotback-automaten haben ...

gibt es bei uns jeden Sonntag frische Bröt-chen.« Ob Brot oder Brötchen, für Sie bleibt kaum etwas zu tun: die Zutaten einfach in den Backeinsatz geben, Maschine nach Anweisung programmieren, Zeit einstellen, fertig – und zwar auf die Minute genau. Brötchen, Ba-guettes oder Hörnchen sind mit dem ange-rührten Teig im Backofen schnell fertig ge-backen. Die Rezepte in diesem Buch sind für jeden Brotbackautomaten geeignet – gutes Backergebnis garantiert.

Weißbrot

Aus diesem Hefeteig können Sie Süßes und auch Herzhaftes zubereiten.

Grundrezept

Zutaten für 750 g

1 1/2 Tassen Wasser
3 Eßl. Zucker
1 1/2 Teel. Trockenmilch
1 1/2 Teel. Salz
1 1/2 Eßl. weiche Butter
3 1/2 Tassen Mehl Type 550
1 1/2 Teel. Trockenhefe

Zutaten für 1500 g

2 1/2 Tassen Wasser
4 1/2 Eßl. Zucker
2 Teel. Trockenmilch
2 1/2 Teel. Salz
2 1/4 Eßl. weiche Butter
5 1/2 Tassen Mehl Type 550
2 1/2 Teel. Trockenhefe

Einstellung: **Normal** oder **Schnell**
Timer: Ja

Bei 10 Scheiben pro Scheibe:
735 kJ/175 kcal

Die Angaben in Klammern beziehen sich jeweils auf 1500 g Teig.

Geben Sie die Zutaten in der angegebenen Reihenfolge in den Brotbackautomaten.

❍ Geben Sie 2 (3 1/2) Eßl. Röstzwiebeln und 1/2 (1) Teel. gemahlenen Pfeffer dazu, und Sie haben ein pikantes Brot für Picknicks.

❍ Sie können das Wasser durch Orangensaft ersetzen. Geben Sie noch 1 (1 1/2) Teel. geriebene Orangenschale dazu, und Sie erhalten ein köstliches Orangenbrot.

❍ Bevor Sie das Brot anschneiden, 1 Std. auskühlen lassen.

❍ Statt der Einstellung **Normal** wählen Sie **Teig.** Nun können Sie Ihrer Phantasie freien Lauf lassen. Beispielsweise lassen sich aus dem Teig Dampfnudeln, Nußrollen oder Obstkuchen (Seite 18) sowie herzhafte Zwiebelkuchen herstellen.

❍ Für Sandwichtoasts bestreichen Sie 2 fingerdicke Scheiben außen dünn mit Butter oder Margarine, legen 1 Scheibe Käse (evtl. noch einige Röstzwiebeln) und 1 Scheibe Schinken dazwischen. Der Sandwichtoaster oder das Waffeleisen machen im Nu daraus eine knusprige Sache. Dazu reichen Sie einen frischen knackigen Salat.

Erdbeer-Bananen-Brot

Die Banane unterstreicht wundervoll das Aroma der Erdbeeren.

Raffiniert

Zutaten für 750 g

1 Tasse Milch
1 1/2 Teel. Salz
2 Eßl. weiche Butter
1 mittelgroße Banane (ca. 180 g), in Scheibchen geschnitten
4 Eßl. Erdbeermarmelade
3 1/2 Tassen Mehl Type 550
2 Teel. Trockenhefe

Zutaten für 1500 g

1 1/2 Tassen Milch
2 1/2 Teel. Salz
4 Eßl. weiche Butter
1 3/4 mittelgroße Bananen (ca 320 g), in Scheibchen geschnitten
7 Eßl. Erdebeermarmelade
5 1/4 Tassen Mehl Type 550
3 1/2 Teel. Trockenhefe

Einstellung: **Normal** oder **Schnell**
Timer: Nein

Bei 10 Scheiben pro Scheibe:
880 kJ/210 kcal

Geben Sie die Zutaten in der angegebenen Reihenfolge in den Brotbackautomaten.

❍ Für dieses Rezept sollten Sie nur ausgereifte Bananen verwenden.

❍ Statt der Erdbeermarmelade und der ganzen Banane können Sie auch frische Erdbeeren verwenden: 1/2 (3/4) Tasse Bananenmus, 1/2 (3/4) Tasse Erdbeerpüree und 2 (4) Eßl. Zucker.

❍ Die Banane und die Erdbeermarmelade können durch 3/4 (1 1/4) Tasse Preiselbeermarmelade ersetzt werden. Dann erhalten Sie ein leckeres Brot für Putenbrustsandwiches oder zu Geflügelgerichten.

❍ Probieren Sie das Rezept doch mal mit Ihrer persönlichen Lieblingsmarmelade aus.

❍ Sie können auch 1/2 (3/4) Tasse Rosinen dazugeben.

❍ Ersetzen Sie die Banane und die Erdbeermarmelade durch 3/4 (1) Tasse Aprikosenmarmelade, 1/4 (1/2) Tasse Mandelblättchen und 1/2 (3/4) Tasse Rosinen.

Weizenbrot mit Ahornsirup

Ein ganz besonderes Brot durch die Verwendung von gequollenen Weizenkörnern.

Braucht etwas Zeit

Zutaten für 750 g

Am Vortag:
3/8 Tasse Weizenkörner (= 90 ml)
2 Tassen Wasser • 1/4 Tasse Ahornsirup

Am Backtag:
1 1/2 Tassen Wasser
3 Eßl. Ahornsirup
1 1/2 Teel. Salz
2 Eßl. weiche Butter
3 3/4 Tassen Mehl Type 550
2 Teel. Trockenhefe

Zutaten für 1500 g

Am Vortag:
1/2 Tasse Weizenkörner
2 1/2 Tassen Wasser
3/8 Tasse Ahornsirup (= 90 ml)

Am Backtag:
2 Tassen Wasser • 4 Eßl. Ahornsirup
2 1/4 Teel. Salz • 3 Eßl. weiche Butter
5 Tassen Mehl Type 550
3 Teel. Trockenhefe

Einstellung: **Normal** oder **Schnell**
Timer: Ja

Bei 10 Scheiben pro Scheibe:
985 kJ/235 kcal

Am Vortag:
Weizenkörner, Wasser und Ahornsirup in einem kleinen Topf unter Rühren aufkochen. Nach 10 Min. den Topf zur Seite stellen und die Weizenkörner über Nacht ausquellen lassen.

Am Backtag:
Gießen Sie die gequollenen Körner in ein Sieb und lassen Sie sie gut abtropfen. Anschließend geben Sie sie zusammen mit den restlichen Zutaten in die Backform.

❍ Sie können bis zu 2 Tassen Mehl durch Weizenvollkornmehl oder 1 Tasse durch Weizenkeime ersetzen. Beachten Sie aber, daß Sie dann eventuell etwas mehr Wasser benötigen. Teiglingkontrolle! (Seite 35).

❍ Statt Ahornsirup können Sie auch Zuckerrübensirup oder Honig verwenden.

❍ Bewahren Sie das Brot in einer Plastiktüte auf, damit die Kruste und die Weizenkörner weich bleiben.

Mischbrot mit Sauerteig

Ein herzhaftes Brot, das sich hervorragend für Sandwiches eignet.

Klassiker

Zutaten für 750 g

1 3/4 Tasse Wasser
1 1/2 Teel. Salz
1 1/2 Teel. Brotgewürze oder Kümmel
4 EL Sonnenblumenkerne
2 Tassen Mehl Type 550
1 1/2 Tassen Roggenmehl Type 1150
2 EL Trockensauerteig
1 1/2 Teel. Trockenhefe

Zutaten für 1500 g

2 1/4 Tassen Wasser
2 1/2 Teel. Salz
2 1/4 Teel. Brotgewürz oder Kümmel
6 Eßl. Sonnenblumenkerne
3 Tassen Mehl Type 550
2 1/2 Tassen Roggenmehl Type 1150
3 Eßl. Trockensauerteig
2 1/2 Teel. Trockenhefe

Einstellung: **Französisch**
Timer:　　　Ja

Bei 10 Scheiben pro Scheibe:
670 kJ/160 kcal

Geben Sie die Zutaten in der angegebenen Reihenfolge in den Brotbackautomaten.

○ Geben Sie 3 (5) Eßl. Schinkenwürfel dazu – fertig ist ein leckeres Schinkenbrot.

○ Mit 3 (5) Eßl. frisch geschroteten Leinsamen ist das Brot gut für die Verdauung.

○ Ein delikates Walnußbrot erhalten Sie, wenn Sie 1/2 (3/4) Tasse Walnußkerne dazugeben. Lassen Sie dann aber Brotgewürz bzw. Kümmel weg. Teiglingkontrolle! (Seite 35)

○ Bevor Sie das Brot anschneiden, lassen Sie es 1 Std. auskühlen.

Dinkel-Vollkornbrot

Für den Vollkorn-Fan und Liebhaber deftiger Brote.

Vollwertig

Zutaten für 750 g

1 1/2 Tassen Wasser
1 1/2 Teel. Salz
3 Tassen Dinkelvollkornmehl
1 Tasse Mehl Type 550
2 Teel. Trockenhefe
1–2 Teel. Brotgewürz (Koriander, Fenchel, Kümmel, Anis) nach Belieben

Zutaten für 750 g

2 Tassen Wasser
3 Teel. Salz
4 1/2 Tassen Dinkelvollkornmehl
1 Tasse Mehl Type 550
3 Teel. Trockenhefe
2 Teel. Brotgewürz (Koriander, Fenchel, Kümmel, Anis) nach Belieben

Einstellung: **Vollkorn** oder **Französisch** (wenn Ihre Maschine keinen Vollkornzyklus besitzt). Wenn der erste Knetzyklus fertig ist, brechen Sie das Programm ab und starten erneut mit dem Programm **Französisch.** Bei Vollkornteigen ist dieser zusätzliche Knetzyklus wichtig.
Timer: Ja, aber nur bei Vollkorn-
                 Programm

Bei 10 Scheiben pro Scheibe:
740 kJ/180 kcal

Geben Sie die Zutaten in der angegebenen Reihenfolge in den Brotbackautomaten.

❍ Wenn Sie Gluten (aus dem Reformhaus) zur Verfügung haben, geben Sie 1 1/2 (2) Eßl. Gluten dazu. Der Laib wird dadurch lockerer.

❍ Eine ideale Ergänzung zu diesem Brot sind 3 (5) Eßl. Sonnenblumenkerne. Weil die Kerne Wasser absorbieren, vergessen Sie nicht die Teiglingkontrolle! (Seite 35)

❍ Das Brot kann auch nur aus Dinkelvollkornmehl gebacken werden. Die Brotoberfläche fällt dann zwar ziemlich stark ein, das Brot schmeckt jedoch sehr gut, und die Krume ist schön saftig.

Zimt-Rosinen-Brot

Getoastet und mit Butter bestrichen, ist dieses Brot eine Delikatesse.

Auch zum Nachmittagskaffee

Zutaten für 750 g

1 1/2 Tassen Wasser
2 Eßl. Zucker
1 1/2 Teel. Salz
2 Eßl. weiche Butter
2 Teel. Zimt
3 1/2 Tassen Mehl Type 550
1 1/2 Teel. Trockenhefe
Nach dem Signalton:
3/4 Tasse Rosinen

Zutaten für 1500 g

2 1/4 Tassen Wasser
3 1/2 Eßl. Zucker
2 1/4 Teel. Salz
3 Teel. Zimt
3 Eßl. weiche Butter
5 Tassen Mehl Type 550
2 1/2 Teel. Trockenhefe
Nach dem Signalton:
1 Tasse Rosinen

Einstellung: **Normal**
Timer: Nein

Bei 10 Scheiben pro Scheibe:
950 kJ/230 kcal

Geben Sie die Zutaten in der angegebenen Reihenfolge in den Brotbackautomaten. Nach dem Signalton die Rosinen hinzufügen.

❍ Sie können den Zucker durch Honig ersetzen.

❍ Statt Rosinen eignen sich auch andere Trockenfrüchte, z. B. Aprikosenstücke.

❍ Zusätzlich können 2 (3 1/2) Eßl. Mandelblättchen, Mohn, Weizenkeime, Haferflocken oder Sesam hineingegeben werden.

❍ Timereinsatz ist dann möglich, wenn die Rosinen gleich zu Anfang hinzugefügt werden – die Rührschaufel rührt jedoch die Rosinen in winzige Stückchen.

❍ Bewahren Sie das Brot in einer Plastiktüte auf, damit es fürs Toasten schön feucht bleibt.

Kräuter-Knoblauch-Brot

Paßt gut zu Käse und Wein oder als Sandwichtoast zu frischem Salat.

Deftig

Zutaten für 750 g

1 1/2 Tassen Wasser • 1 1/2 Eßl. Zucker
1 1/2 Teel. Salz
1 1/2 Eßl. Olivenöl
2 Eßl. Weizenkeime oder Haferflocken
2 gehackte Knoblauchzehen
3 Eßl. frische gehackte Kräuter (z.B. Petersilie, etwas Thymian, Pimpinelle) oder 1 1/2 Eßl. getrocknete Kräuter der Provence
3 3/8 Tassen Mehl Type 550
1 1/2 Teel. Trockenhefe

Zutaten für 1500 g

2 1/4 Tassen Wasser • 2 Eßl. Zucker
2 1/4 Teel. Salz
2 1/4 Eßl. Olivenöl
4 Eßl. Weizenkeime oder Haferflocken
3 gehackte Knoblauchzehen
5 Eßl. frische gehackte Kräuter oder 2 Eßl. getrocknete Kräuter der Provence
5 1/4 Tassen Mehl Type 550
2 1/4 Teel. Trockenhefe

Einstellung: **Normal** oder **Schnell**
Timer: Ja, wenn getrocknete Kräuter verwendet werden

Bei 10 Scheiben pro Scheibe:
735 kJ/175 kcal

Geben Sie die Zutaten in der angegebenen Reihenfolge in den Brotbackautomaten.

○ Sie können 1 1/4 (2 1/2) Tassen Weizenmehl durch Vollkornmehl ersetzen.

○ Bestreichen Sie die Außenseiten von 2 fingerdicken Brotscheiben dünn mit Butter, dazwischen legen Sie 1 Scheibe Schweizer Emmentaler und 1 Scheibe Schinken (geräuchert oder gekocht). Sie klappen nun die Scheiben mit der gebutterten Seite nach außen zusammen und geben sie in einen Sandwichtoaster. (Falls Sie keinen haben, eignet sich auch ein Waffeleisen.)

○ Wenn etwas Brot übriggeblieben ist, schneiden Sie es einfach in Scheiben und rösten Sie diese in Olivenöl an. Dann noch in kleine Würfel schneiden – fertig sind Salatcroûtons.

○ Bevor Sie das Brot anschneiden, lassen Sie es 1 Std. auskühlen.

Grundrezept Hefeteig

1 Für das Grundrezept Hefeteig benötigen Sie Wasser, Zucker, Trockenmilch, Salz, Butter, Mehl und Trockenhefe (Seite 4).

3 Für Hefeklöße formen Sie aus dem fertigen Teig gleich große Knödel und lassen sie in heißem Wasser 10–15 Min. ziehen, bis sie nach oben steigen.

2 Aus dem Brot können Sie köstliche Leckerbissen herstellen, zum Beispiel krosse Sandwiches aus dem Sandwichtoaster oder belegte Sandwiches für Schule, Büro oder Picknick.

4 Für Obstkuchen füllen Sie die Teigzutaten ein und wählen das Programm »Teig«. Ausgerollten Teig nach Wunsch belegen.

Frühstückshörnchen

1 Die Frühstückshörnchen sind leicht und schnell gemacht. Nach Beendigung des Programms einfach den fertigen Teigling ausrollen und in längliche Dreiecke aufteilen.

3 Die Hörnchen mit dem Teigende nach unten auf das mit Backpapier ausgelegte Backblech legen und 20 Min. gehen lassen. Dann bei 175° backen.

2 Nach Belieben mit Marmelade, Schokolade oder Nuß-Nougat-Creme bestreichen und vom breiten Ende her aufrollen.

4 Nach dem Backen werden die noch heißen Hörnchen mit zerlassener Butter bestrichen. Warm zum Frühstück oder kalt fürs Picknick sind die Hörnchen immer eine Delikatesse.

Salsa-Brot

Ein pikantes Brot, das zu Salami oder gegrilltem Fleisch paßt.

Exotisch

Zutaten für 750 g

1 3/8 Tassen Milch (= 330 ml)
1 1/2 Eßl. Zucker
2 Teel. Salz
2 Eßl. weiche Butter
5 Eßl. Salsa (mexikanische Würzsauce, die auch als Dip verwendet wird)
3 1/4 Tassen Mehl Type 550
2 1/2 Teel. Trockenhefe

Zutaten für 1500 g

1 3/4 Tassen Milch
2 1/2 Eßl. Zucker
3 1/2 Teel. Salz
3 Eßl. weiche Butter
1/2 Tasse Salsa
5 1/4 Tassen Mehl Type 550
3 1/2 Teel. Trockenhefe

Einstellung: **Normal** oder **Schnell**
Timer: Ja

Bei 10 Scheiben pro Scheibe:
845 kJ/200 kcal

Geben Sie die Zutaten in der angegebenen Reihenfolge in den Brotbackautomaten.

❍ Sie können 1 1/4 (2 1/4) Tassen Weizenmehl durch Maismehl ersetzen.

❍ Nach dem ersten Signalton können Sie 1/4 Tasse (1/3 Tasse) gewürfelte rote und grüne Paprikaschoten oder 1/2 (3/4) Tasse Gemüsemais dazugeben.

❍ Milch kann durch Wasser ersetzt werden.

❍ Bevor Sie das Brot anschneiden, lassen Sie es 1 Std. auskühlen.

❍ Bewahren Sie das Brot in einer Plastiktüte auf, damit es frisch bleibt.

Kartoffelbrot

Sehr saftig und lecker, ein echter Geheimtip!

Schnell

Zutaten für 750 g

1 1/2 Tassen Wasser
1 1/2 Eßl. Zucker
1 1/2 Eßl. Trockenmilch
1 1/2 Teel. Salz
1 1/2 Eßl. weiche Butter
5 Eßl. Kartoffelpüree (Instantflocken)
3 1/2 Tassen Mehl Type 550
2 Teel. Trockenhefe

Zutaten für 1500 g

2 1/4 Tassen Wasser
2 1/4 Eßl. Zucker
2 1/4 Eßl. Trockenmilch
2 Teel. Salz
2 1/4 Eßl. weiche Butter
7 1/2 Eßl. Kartoffelpüree (Instant-flocken)
5 1/4 Tassen Mehl Type 550
3 1/2 Teel. Trockenhefe

Einstellung: **Normal** oder **Schnell**
Timer:　　　Ja

Bei 10 Scheiben pro Scheibe:
815 kJ/195 kcal

Geben Sie die Zutaten in der angegebenen Reihenfolge in den Brotback-automaten.

❍ Sie können die Butter durch Margarine ersetzen.

❍ Geben Sie zusätzlich 1 (1 1/2) mittelgroße reife Banane (in kleinen Scheibchen) und nach Geschmack noch 2 (3 1/2) Eßl. Sesam, Mohn, frisch geschroteten Leinsamen oder Haferflocken dazu. Achtung, wegen der Banane **kein Timerzyklus.** Diese Brotvariante läßt sich sehr gut toasten.

❍ 4 (6) Eßl. Sojaflocken schmecken sehr gut im Kartoffelbrot. Teiglingkontrolle! (Seite 35)

❍ Zum Frischhalten bewahren Sie das Brot in einer Plastiktüte auf.

Jo-Jo-Brot

Die lecker gefüllten Hefeklöße sind ideal zum Mitnehmen.

Raffiniert

Zutaten für 750 g

1 1/4 Tassen Wasser
2 Eßl. Zucker
1 1/2 Teel. Salz
3 Eßl. weiche Butter
1 Eßl. saure Sahne oder Joghurt
3 3/4 Tassen Mehl Type 550
2 Teel. Trockenhefe

Zutaten für 1500 g

2 Tassen Wasser
3 Eßl. Zucker
2 1/2 Teel. Salz
4 Eßl. weiche Butter
2 Eßl. saure Sahne oder Joghurt
4 1/2 Tassen Mehl Type 550
3 Teel. Trockenhefe

Einstellung: **Teig**
Timer: Ja

Bei 10 Scheiben pro Scheibe:
905 kJ/215 kcal

Geben Sie die Zutaten in der angegebenen Reihenfolge in den Brotbackautomaten. Nehmen Sie den fertigen Teig heraus. Kneten Sie ihn kurz durch und teilen ihn anschließend in 10 (16) gleiche Portionen auf. Zu Knödeln formen und flach drücken. Den Teig 5 Min. gehen lassen, damit er elastischer wird.

Füllung: 1/2 (3/4) Tasse Rohrzucker, 2 (3) Teel. Zimt, 3/4 (1) Tasse Haselnüsse (erst abmessen, dann im Blitzhacker grob zerkleinern), 1/3 (1/2) Tasse Wasser, 3 (5) Eßl. Sesam, 2 (4) Eßl. Haferflocken gut miteinander vermischen.

Entfernen Sie die Rührschaufel aus der Backform. Verteilen Sie die Nußfüllung auf die Fladen und formen Sie diese zu Knödeln. 2 (3) Eßl. Öl in eine Schale geben, die Knödel kurz eintauchen und in zwei bis drei Schichten in die Backform geben. Dann die Form wieder im Backautomaten befestigen.

Einstellung: **Backen**
Timer: Nein

○ Sie können die Knödel auch mit Nuß-Nougat-Creme, Marmelade oder pikant mit Käse, Schinken und Oliven (dann nur 1 Eßl. Zucker verwenden) füllen.

Weizen-Dinkel Semmeln

Wunderbar lockere Frühstücksbrötchen mit Dinkelmehl.

Gelingt leicht

Zutaten für 8 große oder 12 kleine Semmeln

1 1/2 Tassen Wasser
1 1/2 Teel. Salz
2 Eßl. Zucker
2 Tassen Mehl Type 550
1 1/2 Tassen Dinkelvollkornmehl
1 1/2 Eßl. Trockensauerteig
2 Teel. Trockenhefe

Zutaten für 18 Semmeln

2 1/4 Tassen Wasser
3 Teel. Salz
3 Eßl. Zucker
3 Tassen Mehl Type 550
2 1/2 Tassen Dinkelvollkornmehl
2 1/2 Eßl. Trockensauerteig
3 Teel. Trockenhefe

Einstellung: **Teig**
Timer: Ja

Bei 12 Semmeln pro Stück:
595 kJ/140 kcal

Geben Sie die Zutaten in der angegebenen Reihenfolge in den Brotbackautomaten. Wählen Sie das Programm »Teig«, und bei Prgrammende nehmen Sie den fertigen Teig heraus. Kneten Sie ihn kurz durch und teilen ihn anschließend in 8 bzw. 12 (18) gleiche Portionen auf. Formen Sie die Brötchen und legen Sie sie auf ein mit Backpapier ausgelegtes Backblech (bei 18 Portionen zwei Backbleche). Lassen Sie den Teig 20 Min. gehen und schneiden Sie die Oberfläche kreuzweise ein. Im vorgeheizten Backofen bei 200° (Mitte, Umluft 180°) 30 Min. backen.

❍ Sie können auch Mohn, Sesam, Schinkenwürfel, Sojaflocken oder Kräuter in den Teig geben. 2–3 (5–6) Eßl. davon zusätzlich verträgt der Teig ohne Probleme. Trotzdem: Teiglingkontrolle! (Seite 35)

❍ Aus dem Teig lassen sich kleine Partybrötchen formen. Einfach 20 (30) kleine Portionen formen, die Oberfläche der Teigbällchen anfeuchten und in Sesam oder Kümmel drücken. Auf einem mit Backpapier ausgelegten Backblech dicht aneinanderlegen, 30 Min. gehen lassen. Bei 200° (Mitte, Umluft 180°) 30 Min. backen.

Frühstückshörnchen

Köstlich weich, ideal mit Marmelade oder mit Nuß-Nougat-Creme.

Gelingt leicht

Zutaten für 8 große oder 16 kleine Hörnchen

3/4 Tasse Wasser
4 Eßl. Zucker
1 1/2 Teel. Salz
2 Eßl. Trockenmilch
5 Eßl. weiche Butter
1 Ei
3 Tassen Mehl Type 550
1 1/2 Teel. Trockenhefe

Zutaten für 12 große oder 24 kleine Hörnchen

1 3/4 Tasse Wasser
6 Eßl. Zucker
2 1/4 Teel. Salz
3 Eßl. Trockenmilch
8 Eßl. weiche Butter
1 Ei
5 Tassen Mehl Type 550
2 1/2 Teel. Trockenhefe

Einstellung: **Teig**
Timer: Nein

Bei 8 Hörnchen pro Stück:
1160 kJ/280 kcal

Geben Sie die Zutaten in der angegebenen Reihenfolge in den Brotbackautomaten. Wählen Sie das Programm »Teig«, und bei Programmende nehmen Sie den fertigen Teig heraus. Kurz durchkneten, ausrollen und in längliche Dreiecke aufteilen (Seite 19).
Nach Belieben die Hörnchen mit Marmelade, Schokolade, Nuß-Nougat-Creme füllen. Dreiecke von der Breitseite her aufrollen und mit dem Endstück nach unten auf ein mit Backpapier ausgelegtes Blech legen. 20 Min. gehen lassen. Backofen auf 175° vorheizen. In 20–25 Min. (Mitte, Umluft 160°) backen, bis sie schön gebräunt sind. Noch heiß mit zerlassener Butter bestreichen.

❍ Sie können den fertigen Teig im Kühlschrank auch bis zum nächsten Morgen aufheben.

❍ Wenn Sie das Ei weglassen und 1/4 Tasse mehr Wasser hinzufügen, können Sie den Timer verwenden.

❍ Pikante Hörnchen: Nehmen Sie nur 2 (3) Eßl. Zucker für den Teig. Als Füllung eignen sich kleine Bratwürstchen, Wiener Würstchen oder je 1 Scheibe Schinken und Käse.

Baguettes

Knusprig und frisch – wie vom Bäcker.

Gelingt leicht

Zutaten für 2 Baguettes

1 1/2 Tassen Wasser
1 Eßl. Zucker
1 Teel. Salz
3 1/2 Tassen Mehl Type 550
2 Teel. Trockenhefe

Zutaten für 3 Baguettes

2 1/2 Tassen Wasser
2 Eßl. Zucker
2 Teel. Salz
5 1/2 Tassen Mehl Type 550
3 Teel. Trockenhefe

Einstellung: **Teig**
Timer: Ja

Bei 20 Scheiben pro Scheibe:
350 kJ/85 kcal

Geben Sie die Zutaten in der angegebenen Reihenfolge in den Brotbackautomaten. Nehmen Sie nach Beendigung des Teigprogramms den Teig aus dem Automaten und kneten ihn kurz durch. In 2 (3) gleich große Portionen aufteilen und 2 (3) Baguettes formen. Auf einem mit Backpapier ausgelegten Backblech 20 Min. gehen lassen. Ofen auf 250° vorheizen. Teiglinge mit schräg waagerechten Schnitten mehrmals längs einschneiden. Bei 250° (Mitte, Umluft 220°) 20 Min. backen. Das Brot ist durchgebacken, wenn beim Klopfen an seinem Boden ein hohler Klang zu hören ist.

❍ Sie können aus dem Teig auch ein großes Brot oder mehrere Baguettebrötchen formen.

❍ Geben Sie unter den fertigen Teig 1/2 Tasse Schinkenwürfel.

❍ Bestreichen Sie die Oberfläche der fertig gebackenen Baguettes mit Olivenöl und bestreuen Sie sie mit Kräutern der Provence.

Pizza

Auch für Pizzaböden eignet sich der Brotbackautomat hervorragend.

Klassiker

Zutaten	Kleine Pizza (2–3 Pers.)	Große Pizza (3–4 Pers.)
Wasser oder Bier	200 ml	1 Tasse
Zucker	1 1/2 Teel.	2 Teel.
Salz	3/4 Teel.	1 Teel.
Mehl	2 Tassen	2 1/2 Tassen
Olivenöl	1 1/2 Eßl.	2 Eßl.
Hefe	2 Teel.	2 1/2 Teel.

Einstellung: **Teig**
Timer: Ja

Kleine Pizza für 3 Personen pro Portion: 1335 kJ/320 kcal

Große Pizza für 4 Personen pro Portion: 1265 kJ/300 kcal

Geben Sie die Zutaten in der angegebenen Reihenfolge in den Brotbackautomaten. Entnehmen Sie nach Beendigung des Teigprogramms den fertigen Pizzateig und kneten Sie ihn zu einem Teigball. Mit dem Nudelholz ausrollen und auf ein mit Backpapier ausgelegtes Backblech geben. Bei 250° (Mitte, Umluft 220°) 8–10 Min. vorbacken, den Ofen anschließend auf 220° (Umluft 200°) zurückstellen. Den Teigboden mit Spaghettisauce bestreichen. Belegen können Sie den Pizzaboden mit Zutaten nach Ihrem Geschmack (z. B. Salami, Schinken, Zwiebeln, Oliven, geriebenen Emmentaler, Mozzarella). Backen Sie die Pizza bei 220° (Mitte, Umluft 200°) 25 Min. bis der Käse geschmolzen ist.

❍ Wenn Sie es gerne scharf mögen, können Sie die fertige Pizza mit zerkleinerten roten Pfefferschoten bestreuen.

❍ In den Teig kann man 1 Teel. Kräuter der Provence geben – eine interessante Variante.

Zutaten

Mehl: Der Ausmahlungsgrad des Mehls wird durch die Typenzahl definiert. So enthalten 100 g Weizenmehl der Type 550 zum Beispiel 550 mg Mineralstoffe. Je höher die Typenzahl, desto höher ist der Anteil der Ballast- und Mineralstoffe sowie der Vitamine.

Weizen: Wir verwenden Weizenmehl der Type 550. Es kann, wenn Sie etwas dunkleres und im Geschmack kräftigeres Brot mögen, durch die Type 1050 ersetzt werden.

Dinkel: Der Dinkel ist eine alte Weizensorte mit hohem Magnesiumanteil; sehr herzhafter Geschmack; wird hier nur als Vollkornmehl verwendet.

Roggen: Wir nehmen Roggenmehl der Type 1150. Roggenmehl wird meist anteilig mit Weizenmehl verwendet. Mit Roggen gebackene Brote sind schwerer und gehen nicht so hoch auf.

Hefe wirkt als Treibmittel. Ein Päckchen Trockenhefe entspricht etwa 2 1/2 Teel. Wir verwenden Trockenhefe, da sie leicht im Kühlschrank auf Vorrat gehalten werden kann.

Sauerteig: Sauerteigzusatz ist bei Broten mit Roggenanteil notwendig. Trockensauerteig ist sehr einfach zu dosieren – für den Hobbybäcker eine ideale Alternative zum frischen Sauerteig. Wenn Sie frischen Sauerteig nehmen, brauchen Sie entsprechend weniger Flüssigkeit.

Fett macht das Brot elastischer und hält es länger frisch.

Salz reguliert den Hefetrieb, gibt dem Brot Geschmack und verbessert die Krume. Vollmeersalz ist wegen der darin enthaltenen Spurenelemente sehr gut geeignet.

Zucker können Sie durch Honig, Zuckerrübensirup, Rohrzucker oder Ahornsirup ersetzen.

Flüssigkeit: Milch macht die Krume zarter, Wasser ergibt knusprigere Brote. Sie können Wasser durch Fruchtsäfte oder Joghurt bzw. Buttermilch ersetzen.

Eier werden im Brot wegen Geschmack, Färbung und Krume verwendet.

Trockenmilch: In Verbindung mit Hefe verbessert sie deren Treibkraft. Man kann statt dessen auch Trocken-Kaffee-Milchpulver (Kaffeeweißer) verwenden, beachten Sie aber die darin enthaltenen Zusatzstoffe, die in ein selbstgebackenes gesundes Brot nicht hineingehören.

Hinweise

Teiglingkontrolle: Da die Flüssigkeitsabsorption bei Mehl je nach Lagerung und Ausmahlungsgrad differieren kann, ist es wichtig, nach 10 Min. bei normalem Mehl bzw. nach 40 Min. bei Vollkornmehl kurz in die Backform zu schauen. Ist der Teigling zu feucht, geben Sie 1 Eßl. Mehl dazu. Ist er zu trocken, fügen Sie 1 Eßl. Wasser hinzu. Der Teig sollte leicht klebrig sein (Fingerprobe) und einen Kloß bilden.

Tassen- und Löffelmaß: Benutzen Sie nur die dem Backautomaten beiliegende Tasse und das Eßlöffel-/Teelöffel-Maß. Eine Tasse bedeutet eine gestrichene, locker mit Mehl gefüllte Tasse. Das gleiche gilt für Eßlöffel und Teelöffel.

Wenden Sie die Timerfunktion nur an, wenn im Rezept keine leichtverderblichen Zutaten aufgeführt sind (z. B. Milch oder Ei).

Dampfnudelteig wird im Automaten traumhaft gut vorbereitet.

Beachten Sie auf jeden Fall die vom jeweiligen Hersteller beigefügte Bedienungsanleitung.

Brot läßt sich gut tiefkühlen. Vorher in Scheiben geschnitten, können Sie diese einzeln entnehmen.

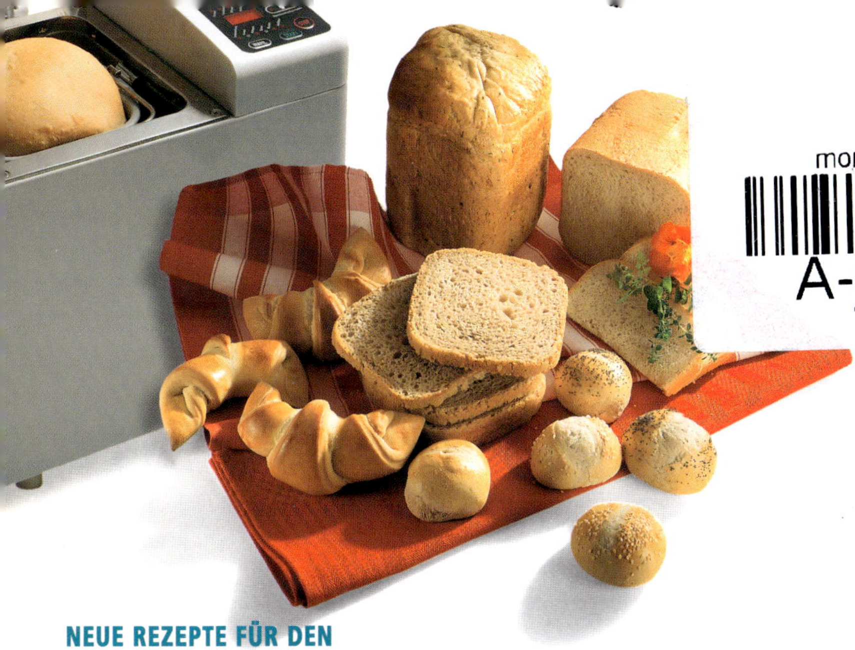

NEUE REZEPTE FÜR DEN

BROTBACKAUTOMATEN – die flinken

Bäcker in der eigenen Küche, bereiten für Sie die besten Brote zu:

ISBN 3-7742-3943-6

Entspannt
in 10 Minuten

▸ 9 ÜBUNGEN FÜR KÖRPER UND GEIST

Ob beim Einkaufen, im Büro oder in der Bahn – seien Sie
achtsam mit sich selbst. Diese ganzheitlich ausgerichteten
Kurzprogramme helfen bei Verspannungen, Schmerzen
und Überlastung. Sie fördern die Konzentration und geben
Ihnen innere Ruhe und geistige Frische zurück.

Wissen, was gut tut.  TRIA

Schlemmen ohne Hemmungen